10 Lições sobre
HEGEL

**Dados Internacionais de Catalogação na Publicação (CIP)
(Câmara Brasileira do Livro, SP, Brasil)**

Miranda, Marloren Lopes

  10 lições sobre Hegel / Marloren Lopes Miranda. – Petrópolis, RJ : Vozes, 2024. – (Coleção 10 Lições)

  ISBN 978-85-326-6643-7

  1. Filosofia alemã 2. Hegel, Georg Wilhelm Friedrich, 1770-1831 I. Título. II. Série.

23-179983   CDD-193

Índices para catálogo sistemático:
1. Filosofia alemã 193
Cibele Maria Dias – Bibliotecária – CRB-8/9427

Marloren Lopes Miranda

10 Lições sobre
HEGEL

EDITORA
VOZES

Petrópolis

© 2024, Editora Vozes Ltda.
Rua Frei Luís, 100
25689-900 Petrópolis, RJ
www.vozes.com.br
Brasil

Todos os direitos reservados. Nenhuma parte desta obra poderá ser reproduzida ou transmitida por qualquer forma e/ou quaisquer meios (eletrônico ou mecânico, incluindo fotocópia e gravação) ou arquivada em qualquer sistema ou banco de dados sem permissão escrita da editora.

CONSELHO EDITORIAL

Diretor
Volney J. Berkenbrock

Editores
Aline dos Santos Carneiro
Edrian Josué Pasini
Marilac Loraine Oleniki
Welder Lancieri Marchini

Conselheiros
Elói Dionísio Piva
Francisco Morás
Gilberto Gonçalves Garcia
Ludovico Garmus
Teobaldo Heidemann

Secretário executivo
Leonardo A.R.T. dos Santos

Editoração: Piero Kanaan
Diagramação: Victor Mauricio Bello
Revisão gráfica: Alessandra Karl
Capa: Editora Vozes
Ilustração de capa: Studio Graph-it

ISBN 978-85-326-6643-7

Este livro foi composto e impresso pela Editora Vozes Ltda.

*Para José Pertille,
pela amizade concreta.*

Sumário

Introdução, 9

Primeira lição – Hegel: vida e obra, 15

Segunda lição – Hegel: uma contextualização histórico-filosófica, 21

Idealismo alemão ou filosofia clássica alemã, 22

Contra o ceticismo e o dogmatismo, 25

Terceira lição – Do abstrato ao concreto, 33

Quarta lição – Saber, ciência e filosofia, 47

Quinta lição – Uma breve discussão sobre o método, 61

Sexta lição – Sobre a filosofia da natureza, 73

Sétima lição – Consciência, consciência de si e espírito, 81

Oitava lição – A dialética do senhor e do escravo, 91

Nona lição – A noção de eticidade, 105

Décima lição – A interpretação hegeliana de Antígona, 115

Conclusão, 123

Referências, 125

Introdução

O pensamento de Hegel ocupa um lugar de destaque na história da filosofia ocidental por uma série de razões, as quais, na maioria das vezes, dividem o público filosófico, seja ele leigo ou universitário. Hegel é eleito, não raramente, como o pensador mais obscuro da filosofia ocidental, aquele com conceitos demasiadamente complexos, que tem uma linguagem de difícil acesso – o assim chamado *hegelianês*. Esse filósofo não seria, portanto, facilmente compreensível e, por isso mesmo, muitos entusiastas da filosofia justificam o abandono da leitura de sua obra. Por outro lado, é difícil não reconhecer a influência do pensamento hegeliano em diversas correntes da filosofia e de outras áreas do conhecimento, desde sua recepção mais imediata, com o que se chama de hegelianos de esquerda ou de direita; até o existencialismo, a filosofia analítica, o pós-estruturalismo, a teoria crítica, a psicanálise, as teorias do Estado, chegando, por fim, nas diversas discussões atuais, tais quais as teorias feministas e os estudos pós-coloniais e decoloniais. Portanto, ainda que sua filosofia possa não ser acessível de modo imediato, ela é, sem dúvidas, um momento de suma importância na história das ideias.

Nosso propósito, então, é, em uma primeira instância, colocar em questão esse posto de pensador obscuro que Hegel usualmente ocupa[1]. É bem verdade que não é tão simples ler Hegel, mas isso não se dá pelo mero fato de que sua escrita possa ser considerada complicada, e sim, porque o autor visa investigar em toda a sua profundidade questões de naturezas complexas. Na filosofia, em geral, e na filosofia hegeliana, em particular, não há como permanecer nas águas rasas do pensamento; só há o alto-mar epistemológico. Todavia, não é necessário que nos joguemos nele sem sabermos nadar, e este pequeno livro pretende oferecer, assim, algumas aulas de natação.

Devemos advertir ao leitor, no entanto, que este texto não pretende uma compreensão exaustiva desse pensamento tanto em sua

---

1. Na introdução, uso a primeira pessoa do plural, pois compreendo a obra aqui apresentada como um resultado não apenas da minha escrita como autora, mas também da disposição da Editora Vozes em publicá-la e torná-la acessível, sendo, pois, resultado de um trabalho em conjunto. No restante do texto, todavia, usarei a primeira pessoa do singular, quando necessário, a fim de que fique claro que eventuais posicionamentos sejam meus, e que não reflitam necessariamente a opinião dos editores.

completude quanto nos temas aqui apresentados. O objetivo geral é oferecer algumas ferramentas conceituais para que o leitor possa, de modo mais imediato, ter uma visão ampla de algumas das principais ideias hegelianas e, se assim desejar, que ele possa mergulhar nessa filosofia, enxergando melhor seus significados mais profundos.

Assim, esta obra visa apresentar, em linhas gerais, alguns motivos pelos quais Hegel foi e continua sendo um interlocutor caro aos mais diversos pensamentos e áreas do saber, e porque sua filosofia, mais de 200 anos depois, continua motivando inúmeros debates.

Este trabalho procura desenvolver argumentos para isso, organizando-se, então, da seguinte forma: em um primeiro momento, nas primeiras duas lições, oferecemos uma contextualização geral da vida e da obra de Hegel, a fim de compreender como sua filosofia também é uma resposta aos problemas filosóficos de sua época. A seguir, da Terceira à Quinta lição, abordamos alguns tópicos fundamentais da filosofia hegeliana no que concerne a temas da lógica, da ontologia e da epistemologia. Na Sexta lição, são apresentadas algumas questões gerais concernentes à filosofia da natureza de Hegel. As lições seguintes visam trabalhar conceitos centrais para a filosofia prática de Hegel, como as ideias de consciência e de espírito, apresentados, de modo geral, na Sétima lição. Essas noções aparecerão de modo mais detalhado quando olharmos mais pontualmente para algumas passagens específicas da obra hegeliana. Assim, da Oitava à Décima lição, nos deteremos na passagem do senhor e do escravo, na noção de eticidade e na interpretação de Hegel acerca da peça *Antígona*, de Sófocles. Além disso, as referências bibliográficas, ao fim deste livro, oferecerão não apenas as fontes consultadas para este trabalho, mas também uma série de textos relevantes para quem quiser aprofundar as questões aqui trazidas, bem como ampliar os horizontes propostos.

É importante frisar que cada uma das lições desenvolve conceitos de modo mais específico, mas que eles são constantemente retomados nas lições seguintes, recolocados a partir de novas articulações e perspectivas, aprofundando as definições oferecidas previamente. Este é, ao nosso ver, o modo mais adequado de considerar a filosofia hegeliana uma filosofia sistemática, visto que esse autor não oferece uma definição estática de seus conceitos, mas segue-os aprimorando e desenvolvendo sob os mais diferentes ângulos ao longo de sua obra. Assim, um conceito pode ter uma definição em seu aspecto lógico, por exemplo, e reaparecer em considerações políticas, ganhando novos significados ainda mais complexos e articulados.

Esperamos que, ao fim deste livro, o leitor possa se sentir um pouco mais confortável para encarar as águas profundas da filosofia hegeliana.

Primeira lição

Hegel: vida e obra

A vida de Hegel, como a de muitos filósofos, foi bastante intensa[2]. Georg Wilhelm Friedrich Hegel nasceu em 27 de agosto de 1770, em Stuttgart, hoje Alemanha, tendo mais um irmão, Georg Ludwig, e uma irmã, Christine Louise (Auras, 2022). Em Stuttgart, finalizou os estudos básicos e, com 18 anos, ingressou no Seminário de Tübingen, onde estudou filosofia e teologia durante cinco anos. Lá, foi colega de Friedrich Hölderlin e de Friedrich Schelling. Seus debates envolviam, entre outras pautas, temas sobre literatura e filosofia gregas, muito influenciados pelo movimento de resgate de padrões estéticos antigos através de obras de Goethe, Schiller e Herder, isto é, pelo Classicismo de Weimar. Além disso, essas discussões também consideravam os ideais da Revolução Francesa.

---

2. Para uma biografia bastante completa de Hegel, cf. Pinkard (2000).

Após os estudos em Tübingen, em 1793, Hegel se mudou para Berna (hoje Suíça), onde trabalhou como tutor em uma família. Por indicação de Hölderlin, em 1796, tornou-se preceptor em Frankfurt. A partir de 1801, o filósofo passou a lecionar na Universidade de Jena.

Podemos situar, a partir desses anos em Jena, um grande ponto de virada na filosofia hegeliana: de escritos mais jovens, já com a exploração de alguns grandes temas de teologia, ética e estética, Hegel começa a apresentar os elementos mais definitivos para desenvolver o seu próprio sistema, uma filosofia mais madura e mais bem-acabada. Após *Diferença entre os Sistemas Filosóficos de Fichte e de Schelling*, de 1801 (Hegel, 2003), o autor coordena, de 1802 a 1803, o *Kritische Journal der Philosophie* (*Revista Crítica de Filosofia*, em livre-tradução), com o ex-colega de seminário, e agora colega docente na universidade, Schelling. Nessa revista, Hegel publica *Fé e saber* (1802), uma crítica a Kant, Jacobi e Fichte, e *Sobre as maneiras científicas de tratar o direito natural* (1802). Ao longo desses anos, Hegel começa a desenvolver as linhas gerais do que seria a sua epistemologia, dando algumas aulas sobre o assunto e sistematizando-as um pouco melhor no formato de um livro. Prestes a encerrar essa escrita, presencia a invasão de Napoleão a Jena, em 1806. Também nesse período, Hegel teria engravidado a esposa de seu senhorio, Christina Burkhardt, que deu à luz um menino, Georg Ludwig, em fevereiro de 1807. Depois da Universidade de Jena ser fechada; das tropas francesas terem ocupado sua casa, deixando-o sem recursos financeiros; e do nascimento de um filho ilegítimo, Hegel se muda para Bamberg, onde permanece até 1808. Foi lá que ele se tornou redator do *Bamberger Zeitung* (ou *Jornal de Bamberg*) e onde pôde publicar aquela que seria, em um primeiro momento, a introdução ao seu próprio sistema, a *Fenomenologia do espírito* (1807).

Depois desse período, Hegel consegue um trabalho como professor e reitor em um ginásio em Nürnberg, com a ajuda de seu amigo Friedrich Niethammer. Em 16 de setembro de 1811, Hegel, com 41 anos, casa-se com Marie von Tucher, 20 anos mais nova, com quem tem três filhos: os meninos Karl e Immanuel; e uma menina, que morreu logo após o nascimento. Porém, um belo dia, Burkhardt surpreende o recém-casal, entregando Ludwig, com quatro anos, aos cuidados dos dois. Marie von Tucher adota a criança, incluindo-a na família.

Em meio a muitas emoções familiares e bastante trabalho, Hegel escreve, em Nürnberg, aquela que muitos consideram a sua obra-prima: a *Ciência da lógica*. O primeiro volume, *A doutrina do ser*, é publicado em 1812, seguido de *A doutrina da essência*, em 1813, e de *A doutrina do conceito*, em 1816. Nessa obra, Hegel desenvolve sua própria ciência, cuja *Fenomenologia do espírito* apareceria, primeiramente, como uma introdução[3].

Em 1816, ele é convidado para ser professor de filosofia na Universidade de Heidelberg. Lá, publica, em 1817, a primeira edição de uma obra que, ao mesmo tempo que confere uma estruturação mais definida de seu sistema em completude, também é escrita a fim de ser usada como um manual para ser aplicado em suas aulas: a *Enciclopédia das ciências filosóficas*. Por essa razão, considera-se usualmente a escrita dessa obra como sendo mais clara do que outras obras hegelianas. A *Enciclopédia* ainda seria revisada por Hegel mais duas vezes, sendo

---

3. Há debates atuais sobre qual o lugar da *Fenomenologia do espírito* no sistema de Hegel, uma vez que, na *Enciclopédia das Ciências Filosóficas*, ele a deslocará para uma parte do terceiro volume, *A filosofia do espírito*, posterior ao à *Ciência da lógica*, que, por sua vez, é também apresentada enquanto o primeiro volume da *Enciclopédia das ciências filosóficas*, em uma versão mais resumida. No entanto, aqui, estou apenas colocando as publicações em uma ordem factual, sem pretensões de discutir isso. Para uma introdução a esse debate, cf., p. ex., Orsini (2021).

republicada em 1827 e, como última versão, em 1830, incluindo, na última publicação, 99 parágrafos e importantes alterações no conteúdo (Pertille, 2018).

Depois de toda essa trajetória acadêmica, o que Hegel de fato desejava era um trabalho na Universidade de Berlim, não apenas pelo prestígio da instituição, mas também devido à remuneração. Esse objetivo foi finalmente realizado, em 1818, graças à publicação da *Enciclopédia das ciências filosóficas*, que agradou tanto os intelectuais quanto o governo de Berlim. Assim, Hegel foi convidado a ocupar a vaga deixada por Fichte na Universidade de Berlim, após sua morte em 1814. É desse período a obra *Linhas fundamentais da filosofia do direito* (1820), ou apenas *Filosofia do direito*, na qual Hegel desenvolve mais profundamente conceitos que já apareciam sistematizados em *A Filosofia do espírito* da *Enciclopédia das ciências filosóficas*, entre as quais discussões sobre o direito natural, a moralidade e o conceito de eticidade (*Sittlichkeit*), abordando mais detalhadamente a família, a sociedade civil-burguesa e o Estado. Também nesse período, seus cursos chamaram bastante atenção, tendo recebido tanto críticas quanto elogios de seus pares. Alguns desses cursos foram publicados postumamente através de compilações de anotações de seus alunos feitas durante os semestres de aula, como os *Cursos de estética* (1835) e as *Lições sobre a filosofia da história* (1837). Na Universidade de Berlim, ele também foi colega de outro filósofo que, somente anos depois, alcançaria o prestígio do qual Hegel já desfrutava aqui, e o qual desenvolveria uma filosofia severamente crítica à filosofia hegeliana: Arthur Schopenhauer. Hegel permanece em Berlim até o final de sua vida, em 14 de novembro de 1831, quando uma epidemia de cólera assolou a cidade e deixou o filósofo entre as vítimas fatais.

Segunda lição

Hegel: uma contextualização histórico-filosófica

Georg Wilhelm Friedrich Hegel está situado na história moderna do pensamento ocidental, em geral, no que se costuma chamar de idealismo alemão ou filosofia clássica alemã[4]. Esse período, segundo alguns autores (Beiser, 2008; Dudley, 2013; Hartmann, 1976; Jaeschke; Arndt, 2012; Kroner, 1961; Pinkard, 2002), pode ser delimitado de modo mais específico entre os séculos XVIII e XIX, tendo como marco inicial a

---

4. Há ainda um debate sobre qual termo seria mais adequado para determinar esse período da filosofia, pelos motivos que explicarei brevemente a seguir no texto. O termo filosofia clássica alemã foi usado primeiramente, em 1886 por Friedrich Engels, em *Ludwig Feuerbach e o fim da filosofia clássica alemã*, e ele compreende sob essa denominação o período que vai de Kant a Feuerbach, que faleceu em 1872; um período um pouco mais amplo, portanto, do que o que tento delimitar neste texto. De modo geral, darei preferência por esse termo, sobretudo, por ser mais amplo e permitir incluir outros filósofos e filósofas nessa caracterização. Para uma maior discussão sobre isso, cf. Onnasch (2011).

publicação da primeira edição da *Crítica da razão pura*, de Immanuel Kant, em 1781, e como término o falecimento de Friedrich Wilhelm Joseph von Schelling, em 1854. Nesse período, no entanto, não existia o que hoje nos referimos como Alemanha, mas sim, diversos principados e ducados organizados sob a denominação de Reino da Prússia[5]. Logo, o termo *alemão* em idealismo alemão ou filosofia clássica alemã vem mais de uma característica em comum dos autores que dele fazem parte, ou seja, a escrita e a publicação em língua alemã. Isso reflete o fortalecimento e a consolidação desse idioma como língua franca da filosofia, especialmente, após a tradução da Bíblia por Martinho Lutero (cf. Pertille, 2021). O elemento linguístico permitiria, portanto, uma unidade possível entre esses pensadores diversos. Assim, esse período é definido como sendo composto por três filósofos de destaque, embora haja discussões sobre isso: Fichte, Schelling e Hegel.

Idealismo alemão ou filosofia clássica alemã

O grande problema da definição desse período como idealismo alemão ou filosofia

---

[5]. A geografia dessa região na época hegeliana é um pouco mais complexa do que isso. Para um aprofundamento sobre essa temática, cf. a introdução de Pinkard (2002).

clássica alemã é a definição dos critérios usados para isso. Dependendo de quais fatores são levados em consideração, incluem-se ou se excluem pensadores desse período. O idealismo alemão tende a reunir apenas os filósofos cujos sistemas poderiam ser definidos como um tipo de idealismo. *Grosso modo*, o idealismo pode ser definido como a determinação de que a ideia (compreendida imediata e usualmente como algo em nossa mente, dentro de nós e, portanto, imaterial) é o princípio da realidade e, portanto, somente ela é capaz de fornecer acesso à verdade. Isso excluiria uma série de pensadores que ou não têm um sistema propriamente dito, ou não se encaixam numa definição de idealismo, por exemplo, Salomon Maimon, Gottlob Schulze, Karl Leonard Reinhold, Friedrich Heinrich Jacobi, Friedrich Hölderlin, entre outros[6]. Também teríamos algumas dificuldades em incluir a participação de mulheres nesses debates, como a de Caroline von Schelling, cujas ideias estão presentes não em um sistema, mas em uma série de correspondências para os mais diversos autores, para

---

6. Alguns textos desses e outros autores estão reunidos em Gil (1992).

além do próprio marido (Cecchinato, 2020)[7]. Todavia, alguns intelectuais do período, como Hegel, também questionam a própria noção de idealismo e, desse modo, não parece simples encaixá-los sob a denominação de idealismo alemão (Giuspoli, 2015).

Um outro problema aqui é considerar ou não Kant como um filósofo desse período, pelo menos a partir da sua filosofia crítica, iniciada com a *Crítica da razão pura*, composta também da *Crítica da razão prática* e da *Crítica da faculdade de julgar* (Onnasch, 2017). Kant, por ter uma influência fundamental sobre os outros pensadores, poderia ser considerado parte desse período, uma vez que sua filosofia crítica pode ser considerada um tipo de idealismo. No entanto, também é possível pensar em suas ideias apenas como ponto de partida para pensadores que formariam um grupo um pouco mais definido, sendo esse período essencialmente pós-kantiano. Apesar da influência da filosofia crítica kantiana, Fichte,

---

7. O apagar das figuras femininas da história da filosofia é um motivo à parte do porquê a participação delas geralmente é omitida, e Caroline certamente não é a única mulher relevante desse período. Uma série de publicações já têm retomado a relevância dessas mulheres, apresentando suas ideias e textos para o público em geral. Por exemplo, Waithe (1991). Especificamente sobre as mulheres alemãs do período, cf. Lemos (2022); Nassar e Gjesdal (2021).

Schelling e Hegel (e talvez outros autores e autoras) se situariam a partir não de uma simples continuidade, mas de uma ruptura com alguns pontos fundamentais dessa filosofia (alguns dos quais veremos ao longo deste texto). Para fins introdutórios, considerarei Kant como parte daquilo que denominei como filosofia clássica alemã, analisando precisamente a importância de suas ideias e sua respectiva influência sobre toda a filosofia alemã, que se segue pelo menos até a morte de Schelling.

Contra o ceticismo e o dogmatismo

Além de serem contemporâneos e discutirem problemas que partem das colocações críticas kantianas, um dos critérios usados para definir de modo mais preciso esse período é o fato de que, principalmente, Fichte, Schelling e Hegel compartilhavam da característica de depositar na razão bastante otimismo. A filosofia crítica de Kant teria oferecido argumentos que sustentariam um limite do nosso conhecimento e, portanto, um limite da própria razão – de certo modo, conforme acusa Jacobi em um de seus textos, o idealismo transcendental produziria um tipo de ceticismo. Esse ceticismo seria um dos pontos de ruptura desses filósofos com Kant, apresentando-se como uma reação ao pensamento kantiano. Para eles, a razão seria sim capaz de oferecer respostas aos mais diversos problemas, ainda que não de maneira imediata, mas certamente por meio do desenvolvimento do próprio pensar, de modo que o ceticismo apareça no máximo como um momento desse desenvolvimento, mas nunca como seu fim. Em outras palavras, o ceticismo como momento surge como algo que duvida daquilo que tomamos como certo sem maiores questionamentos, mas não de modo a nos manter estagnados nessa dúvida, como se fôssemos incapazes de oferecer respostas minimamente fundamentadas sobre diversas questões, e sim, de modo a fazer com que nos movimentemos em busca dessas respostas.

Para Hegel, portanto, isso não é diferente. É possível enxergar sua filosofia, ao menos, na fase madura, como resultado do desenvolvimento de diversas questões ao longo de sua vida, um sistema filosófico que deposita na razão um grande otimismo, combatendo o ceticismo produzido supostamente pela filosofia crítica de Kant, esta que é, também, ponto de partida de parte do pensamento hegeliano. Nesse sentido, o sistema hegeliano visa ser uma resposta possível em um debate filosófico situado em um momento histórico, e, portanto, representando uma disputa conceitual acerca da possibilidade ou da impossibilidade do conhecimento, entre diversas outras questões. A razão, então, para Hegel, é sim capaz de conhecer a realidade, suas categorias e momentos, sua história e seus sujeitos, e de produzir tudo isso. Ou ainda, é precisamente a razão que produz tudo isso, sendo tarefa da filosofia trazer à luz essas articulações e desenvolvimentos, tais como eles são. Claro que é uma questão completamente distinta se Hegel efetivamente consegue provar tudo isso – e outra questão, ainda mais diferente, se nós concordamos ou não com ele – mas, o importante é, em uma primeira instância, compreender por que ele defende tal posição.

A aposta na razão, por meio de seu desenvolvimento sistemático, tem, portanto, um papel central na teoria hegeliana, surgindo como resposta a um possível ceticismo da filosofia crítica kantiana. Mas ela também surge como um posicionamento em relação a outras discussões modernas, em específico, a um debate que fomentou boa parte desse período: a relação entre conhecimento e fé. Contrariamente ao ceticismo, que suspenderia as crenças em algo por julgar não ser capaz de atestar a sua verdade, a fé poderia ser compreendida como o seu oposto, um dogmatismo, isto é, uma crença em algo como verdade absoluta, sem maiores discussões sobre isso. Então, a razão é colocada também como uma resposta ao dogmatismo.

A discussão quanto à aparente oposição entre fé e conhecimento perpassa todo o Período Moderno, ocupando não apenas os teólogos, mas também os mais diversos filósofos, principalmente por meio dos debates gerados pela Reforma e pela Contrarreforma. Uma proposta de equilíbrio ou unidade entre fé e conhecimento surge sobretudo com a criação da Companhia de Jesus, cujos membros são conhecidos como jesuítas, em 1534, por Inácio de Loyola, reconhecida pela Igreja Católica em 1540. Em certa medida, os jesuítas compreenderam que a fé não precisava ser uma mera crença, ou seja, representar uma expressão dogmática, mas que poderia ser uma crença baseada em razões (e o uso do termo aqui não é por acaso), tendo, portanto, algum fundamento. Haveria, portanto, boas razões para se crer em Deus, por exemplo, como certos tipos de experiências e vivências, que forneceriam evidências da existência de um ser divino, ainda que não possamos conhecê-lo diretamente. Esse é, em sua essência, um dos argumentos de Kant, na *Crítica da razão pura*, para defender que não podemos conhecer diretamente todos os objetos, sobretudo, os metafísicos (como a liberdade e Deus), mas que há elementos em nossa experiência que nos autorizariam a crer neles e, portanto, a conduzir nossas vidas com ajuda dessa fé, não defendendo, com isso, um dogmatismo. Dessa maneira, a discussão entre fé e conhecimento, e entre protestantes e católicos, permeiam os debates da filosofia clássica alemã, em especial, pelo papel de Martinho Lutero na cultura alemã e pelas fortes discussões iluministas (cf. Kenny, 2009). O Iluminismo, ou Século das Luzes (correspondendo usualmente ao século XVIII), *grosso modo*, é a denominação do movimento intelectual que aposta na razão humana detendo o poder de iluminar ou de esclarecer as mais diversas questões, sendo o ser humano plenamente capaz de compreender, por si só, através da possibilidade de fazer um bom uso do próprio entendimento, ou da racionalidade, as mais complexas questões, por exemplo, a relação do ser humano com Deus. Precisamente, isso seria ser livre: poder fazer – e ousar fazer – o bom uso das próprias capacidades racionais. Aliás, é de Kant um dos textos mais representativos desse período em questão. O célebre início do texto resume bem os ideais iluministas:

> *Iluminismo é a saída do homem de sua menoridade, de que ele próprio é culpado. A menoridade* é a incapacidade de se servir do entendimento sem a orientação de outrem. Tal menoridade é *por culpa própria* se a sua

> causa não reside na falta de entendimento, mas na falta de decisão e de coragem em se servir de si mesmo sem a orientação de outrem. *Sapere aude* [Ouse saber]! Tem a coragem de te servires do teu próprio entendimento! Eis a palavra de ordem do Iluminismo (Kant, 2004, p. 11).

Hegel é certamente um herdeiro dessa tradição e seu sistema também se posiciona sobre esses temas que relacionam a fé e o saber. Dessa forma, a filosofia hegeliana procura ser uma resposta não apenas ao problema do ceticismo, mas também ao problema do dogmatismo.

A razão é, assim, o próprio fundamento do sistema hegeliano, ao menos do sistema de sua maturidade, que é aquele sobre o qual me deterei neste texto[8]. Todavia, a razão é um conceito mais amplo para Hegel, não permanecendo apenas interna a nós, como nossa capacidade de conhecer algo. Para esse filósofo, não é preciso suspender o juízo frente aos problemas

---

8. Seria necessária uma consideração mais precisa sobre os textos de juventude de Hegel, nos quais é evidente a recepção de Hegel das ideias kantianas, mas o breve espaço do qual disponho é insuficiente para uma abordagem adequada desse período. Um aprofundamento bastante pertinente da origem da formação do sistema hegeliano a partir da sua juventude é satisfatoriamente apresentado em Beckenkamp (2009).

filosóficos mais complexos, tampouco se contentar em apenas pensar que somos livres ou que existe um Deus – ter fé, portanto, ainda que essa fé possa estar muito bem fundamentada –, mas é possível saber disso por meio de um exame cuidadoso da estrutura da razão, isto é, não apenas enquanto pensar humano, uma faculdade mental por assim dizer, mas enquanto pensar dentro de uma estrutura da própria realidade. Hegel (2012) não aposta apenas cem táleres, mas todas as suas fichas na racionalidade: a razão não é mais algo meramente interno ao nosso modo de conhecer as coisas e, portanto, completamente diferente daquilo que a realidade é constituída, conforme usualmente é definida; mas precisamente interna à própria realidade, ao todo. É a razão o elemento fundamental que constitui o real. Porque nós, seres humanos, somos parte da realidade, parte do todo, também participamos desse elemento, temos ele em nós. Por isso mesmo, podemos conhecer a realidade e é por meio desse elemento que podemos investigá-la, não precisando ser céticos quanto às suas verdades, nem dogmáticos com relação a elas.

Essa é, de forma resumida, a base do sistema de Hegel e é justamente isso o que ele nos pede: que mudemos a nossa perspectiva de compreensão dos problemas e enxerguemos as coisas de outro modo desde a sua base. Se isso parece, à primeira vista, bastante interessante, também acarreta algumas consequências igualmente problemáticas, conforme veremos ao longo da exposição.

Terceira lição

Do abstrato ao concreto

Conforme mencionado anteriormente, a filosofia madura de Hegel é pensada de modo a constituir um sistema cuja razão ocupa um espaço de destaque, e sobre a qual Hegel deposita um grande otimismo, a fim de combater tanto o ceticismo quanto o dogmatismo. A razão, para Hegel, embora não imediatamente, mas com alguma paciência (Lebrun, 2000)[9], é capaz de conhecer seus mais diversos objetos, como a realidade em geral ou, até mesmo, o fundamento dessa realidade – e apresentar isso é, precisamente, a tarefa da filosofia[10].

No entanto, a razão – ou o *logos*, o lógico ou racional, conforme veremos no decorrer deste trabalho – não apenas tem um lugar de

---

9. A investigação filosófica exige paciência, uma vez que não se chega a ideias complexas, não se sai da superficialidade, de modo imediato.

10. Desenvolverei este tema na Quarta lição.

destaque, mas também é o próprio princípio que sustenta o desenvolvimento de todo o sistema. Esse sistema, então, é a apresentação de como as diversas noções que o estruturam estão articuladas entre si e, também, de como as relações dessas articulações, essas partes, dão-se com o todo, com o sistema considerado na sua totalidade. Em outras palavras, o sistema filosófico hegeliano pretende ser a apresentação racional dessa estrutura, ou seja, como a razão determina, desenvolve e articula essas noções em seus mais diferentes aspectos.

O sistema de Hegel, portanto, não é organizado de modo que uma noção apresentada em um determinado momento da exposição adquira um significado estático e fixo na sua consideração em relação a todo o sistema. Precisamente porque essas noções têm relações com outras noções, outras partes e com o próprio todo. Logo, Hegel procura contemplá-las por meio dos diversos aspectos que elas adquirem no desenvolvimento do sistema – e, consequentemente, no desenvolvimento das próprias noções em si mesmas. Esses conceitos seriam, desse modo, dinâmicos, pois adquirem novas determinações à medida que a investigação avança ou se aprofunda.

Dessa maneira, conceitos como substância e acidente, por exemplo, que aparecem na *Ciência da lógica*, na *Doutrina da essência*, podem ser aí considerados ainda de modo muito abstrato, ou seja, com poucas determinações ou características conceituais que as definem. No entanto, essas noções podem ressurgir em outros momentos do sistema, por exemplo, na discussão sobre a noção de eticidade[11], na *Filosofia do direito* (Hegel, 2022), em um contexto muito mais amplo, porque envolve outras considerações, além da própria consideração lógica (nesse caso, o contexto ético). Desse modo, essas noções se tornam mais concretas.

Já estamos diante de uma primeira consideração do sentido que os termos abstrato e concreto adquirem no interior da filosofia hegeliana. Uma noção abstrata é aquela que ainda carece de um aprofundamento, de uma maior investigação sobre ela mesma, que apresenta ainda poucas determinações ou características conceituais. Já uma noção concreta é aquela cujo aprofundamento já está desenvolvido em maior grau e, portanto, apresenta um conjunto maior de determinações.

---

11. No original, *Sittlichkeit*, que também pode ser traduzida por vida ética: um conjunto de costumes (*Sitten*), tradições e hábitos de um povo, expresso em instituições, como a família ou o Estado. Retornarei a isso na Nona lição.

Todavia, essas determinações não são meras listas, e a diferença entre concreto e abstrato não seria a de uma conta sobre qual conceito tem mais ou menos determinações, ou seja, não é apenas quantitativo; há também um aspecto qualitativo no processo. Assim, nesse sistema, uma noção é ainda abstrata, por um lado, quando ela é tomada isoladamente, isto é, mais a partir dela mesma do que de suas relações com outras noções e com o todo. Dessa forma, a mesma noção pode se tornar cada vez mais concreta, quanto mais contextualizada no sistema ela estiver, ou seja, quando ela é tomada a partir dessas relações com outras noções e com o todo.

É importante frisar que Hegel subverte o que compreendemos por abstrato e concreto. No cotidiano, nos referimos a algo como abstrato quando ele está, sim, isolado; mas da realidade física, da nossa, por assim dizer, experiência – quando está só no pensamento, por exemplo. Por sua vez, algo é concreto quando está, justamente, nessa experiência, quando é mais palpável sensorialmente. Este livro nas mãos do leitor seria, dentro dessa definição, um objeto concreto; já as ideias aqui contidas poderiam ser consideradas uma abstração. Para Hegel, entretanto, abstrato e concreto não são definidos necessariamente por sua materialidade ou não no mundo, mas pelo grau de desenvolvimento de conexões conceituais e de determinações que uma noção tem em algum momento de sua apresentação, precisamente, porque todas essas noções, para Hegel, são partes da realidade, da experiência, e não apenas do pensamento.

Substância e acidente, nesse sentido, para usar o mesmo exemplo, não seriam, na filosofia de Hegel, categorias apenas do nosso pensamento, que usamos para pensar objetos da realidade, objetos fora do nosso pensamento; elas seriam categorias que estruturam a realidade nela mesma, como ela é, não apenas o modo pelo qual a compreendemos. Porque Hegel compreende o ser humano como parte constitutiva dessa realidade, interno a ela e não uma outra coisa fora dela, é que é possível investigar e conhecer a realidade. Nesse sentido, Hegel se coloca contrário a uma tradição filosófica a qual podemos chamar de dualista, isto é, uma perspectiva que pensa a realidade por meio de dois polos ou fundamentos de natureza completamente distintas: por um lado, a própria realidade, ou o objeto do conhecimento filosófico, por outro, o sujeito que procura conhecê-la. O que unifica esses dois lados aparentemente distintos é, para Hegel, justamente, a razão, tendo ambos, sujeito e objeto, a mesma natureza.

Esse é um outro debate cuja filosofia clássica alemã também herda da filosofia crítica de Kant[12]: o idealismo transcendental é visto por esses filósofos como o auge da tradição moderna dualista, que opõe objeto do conhecimento ao sujeito do conhecimento, sendo eles fundamentalmente separados entre si, porque seriam de naturezas distintas. Uma coisa, para Kant, seria o nosso pensamento sobre a realidade: as categorias internas a esse pensar, dentro de nós, que nos possibilitariam conhecer os objetos fora de nós. Outra coisa seriam esses objetos conforme eles são neles mesmos. Nós só seríamos capazes de experimentar e conhecer esses objetos por meio dessas categorias que já teríamos em nós – uma espécie de sistema operacional interno humano. Ao sermos afetados pelos objetos da realidade, através da nossa sensibilidade, nós receberíamos um conteúdo desses objetos, mas eles seriam moldados de acordo com a forma que teríamos em nós (conforme o nosso sistema operacional). É como se o conteúdo das nossas experiências fossem

---

12. Como mencionado na lição anterior, Kant parece romper com o otimismo da razão a partir da publicação da *Crítica da razão pura*, com a qual inaugura um novo período de sua filosofia: o idealismo transcendental ou a filosofia crítica. É a esse período que me referirei a partir de agora quando aludir à teoria kantiana.

água e nós fôssemos recipientes com tal e tal formato no qual essa água se adequaria. Assim, o acesso à realidade que poderíamos ter estaria condicionado à nossa forma de recebê-la e de concebê-la – às nossas categorias da faculdade do entendimento e da razão. O resultado dessa equação entre o que recebemos de fora e o que temos de interno é o que Kant chamará de fenômeno. Em última instância, toda a ciência possível, todo o conhecimento possível do real, só poderia ser produzido sobre esses fenômenos e não sobre os objetos, porque a esses objetos, nós, enquanto seres humanos (e dotados daquele sistema operacional), não temos acesso. Para Kant, é impossível conhecer a realidade de uma perspectiva que não seja a nossa; e a nossa, então, seria bastante limitada[13].

Hegel não compartilha com Kant dessa posição, mas não é suficiente negar esse argumento: é preciso que Hegel mostre porque nossa perspectiva da realidade não é limitada dessa maneira. Para isso, Hegel precisa ir até os fundamentos da sua própria teoria. É preciso, então, que ele conceba um modelo filosófico que não separe sujeito de objeto desde o seu fundamento, conforme Kant teria feito,

---

13. Para aprofundar o debate sobre isso, cf. Bonaccini (2003).

mas que os apresente como uma unidade, ou seja, que apresente apenas um fundamento tanto para a realidade, isto é, o objeto, quanto para quem a conhece, ou seja, o sujeito. Para isso, Hegel pensa a realidade como sendo um todo do qual o ser humano é uma parte, ambos compartilhando essencialmente do mesmo fundamento: a razão. A razão, ou o *logos*, portanto, não é apenas uma faculdade do pensar, interna a nós, tal qual em Kant, mas o elemento presente no real, que une o todo e as partes, ou seja, a realidade e nós, fazendo com que tenhamos, então, a mesma natureza da realidade. É a razão que confere unidade entre o todo e as partes e é justamente ela que possibilita que o sujeito conheça, de fato, o objeto, ou a realidade. É porque há uma unidade fundamental entre como as coisas são (o ser) e como podemos pensá-las (o pensar), que o conhecimento é possível.

Hegel, desse modo, pode ser considerado um holista[14], já que é na totalidade das conexões e determinações que, para ele, a verdade reside. Ao mesmo tempo, esse todo é precisamente o resultado dessas conexões internas de cada uma das partes com outras partes e com

---

14. Do grego, *holos*, inteiro, completo, todo.

o todo. Por isso, Hegel afirma, na *Fenomenologia do espírito*, que "o verdadeiro é o todo" (Hegel, 2003, p. 36).

Todavia, também se pode pensar em Hegel como um monista, só que é preciso caracterizar adequadamente esse monismo. Por oposição ao dualismo, conforme exposto brevemente acima, o monismo é uma doutrina que estabelece apenas um único fundamento, ou ainda, que a natureza de todas as coisas seja a mesma. Spinoza seria um nome da história da filosofia moderna ocidental – nome a quem Hegel deve muito de sua própria filosofia –, que poderia ser compreendido como monista. Todavia, apesar de Hegel concordar com a ideia de que nós e a realidade tenhamos uma e a mesma natureza, ou que compartilhamos de um e do mesmo fundamento (a razão), as relações internas ao sistema abrigam espaço para oposições, para diferenças. Em outras palavras, as partes desse todo não são redutíveis a esse princípio, mas, justamente, o que produz o todo é esse princípio e as articulações que surgem dele, o fundamento e seu desenvolvimento. O princípio tem um lugar de destaque, mas ele também compartilha esse lugar com o processo do desenvolvimento de todas as coisas submetidas a esse princípio, ou seja, com o processo de si mesmo e do todo. Talvez por isso possa ser mais adequado denominar a filosofia hegeliana como um holismo, ainda que essa seja uma discussão em aberto[15].

Assim, as noções que Hegel apresenta, como substância ou acidente, ou unidade e multiplicidade, não são categorias apenas do pensamento que pensa a realidade, tentando adequá-la ao nosso modo de compreendê-la, mas categorias que fazem parte da realidade mesma, e que, porque compartilhamos do mesmo elemento que fundamenta a realidade (a razão), é que podemos conhecer essas categorias e o produto delas, a própria realidade em si mesma. Nossa perspectiva e a perspectiva da realidade como é em si, pode ser, para Hegel, uma só, se analisamos essa realidade (e a nós mesmos) a partir da investigação racional, ou seja, da filosofia.

Entretanto, essa procura começa ainda de modo muito abstrato, porque não temos acesso imediato ao desenvolvimento completo das categorias da realidade. À medida que nos aprofundamos na investigação, podemos compreender essas noções de modo cada vez mais concreto.

---

15. Para ampliar essa discussão a respeito de como classificar a filosofia hegeliana nesse debate, cf., p. ex., DeVries (2019) e Stern (2008).

A abstração é, então, para essa filosofia, uma parte ainda inicial ou parcial, mas extremamente importante da investigação filosófica. Ainda que não tenhamos à mão todas as determinações das noções que estruturam o real, é por ela que começamos. Além disso, é ela que permite que olhemos para uma noção ou para uma questão de modo mais específico, isolando-a de todo o seu contexto a fim de tomá-la de modo mais detalhado. No entanto, é importante sublinhar, como fazem Baillie (2001) e Wallace (1894), que o abstrato, na filosofia de Hegel, não é uma descaracterização do termo ou da noção considerada e, ao isolá-lo, não há uma separação de sua relação com o contexto, com o todo. A abstração visa suspender esse contexto momentaneamente para considerar o detalhe dessa noção ou termo em si mesmo, mas, depois, pretende relacioná-lo novamente com o todo, que é, de fato, como ele é em si mesmo.

Portanto, não podemos permanecer nesse momento da investigação, que é ainda vago ou indeterminado – ou apenas parcialmente determinado; é preciso que esse isolamento seja colocado em perspectiva, isto é, em contextos cada vez mais amplos, de modo que possamos reconstruir e aprofundar essas noções concretamente. Tornar uma noção concreta é, portanto, contextualizá-la de modo cada vez mais amplo, expondo determinações e relações possíveis – ou ainda, contemplá-la em sua verdade. Pensar concretamente, então, é fazer o esforço de revelar essas relações, situando as noções em contextos cada vez mais determinados.

O sistema de Hegel procura, dessa forma, tornar suas noções e termos cada vez mais concretos e, de modo geral, é assim que podemos ler suas obras. Elas sempre começam por momentos mais abstratos, sem maiores definições ou com definições parciais, e que, à medida que avançamos nas investigações, passam a se apresentar mais concretamente, com maiores conexões com as outras partes e com o todo. Porém, creio que isso pode se dar independentemente da obra pela qual começamos a ler Hegel. Embora possamos compreender que o que confere, de fato, um contexto concreto na filosofia hegeliana é a história e a cultura – ou o espírito – conforme Hyppolite (2003) defende, isto é, que esse é o contexto por excelência das noções lógicas ou ontológicas; se começarmos por uma obra de filosofia prática, como a *Filosofia do direito*, é muito provável que nos falte alguma contextualização propriamente teórica de noções lá apresentadas, tais quais, para retornar ao exemplo, as noções de substância e de acidente.

Em outras palavras, ainda que a consideração na *Filosofia do direito* seja ética, isto é, envolva história e cultura, suas noções, para nós, poderiam ser tomadas de modo ainda abstrato, uma vez que nos faltariam as relações lógicas desses termos, explicitadas, por exemplo, na *Ciência da lógica*. Assim, uma coisa é a noção em si mesma e o próprio percurso de desenvolvimento dentro do sistema hegeliano, que pode ter algumas direções um pouco mais específicas dentro dele. Outra, é o nosso modo de conhecer essas noções, do nosso próprio percurso do conhecimento dentro da filosofia de Hegel. Uma noção pode estar ainda abstrata para a minha compreensão, mas ser uma noção bastante concreta dentro do sistema hegeliano, a partir das suas próprias relações internas das quais nem sempre estamos completamente cientes.

Ao seguirmos as próprias recomendações hegelianas, não há, então, como pensarmos na sua filosofia como totalmente separada de seu contexto, ainda que possamos tomá-la assim em alguns momentos para melhor compreender alguns de seus termos e raciocínios. Desse modo, o sistema hegeliano pretende ser um pensamento concreto: os problemas e questões que ele enfrenta não estão separados de seu contexto histórico e filosófico, e se inserem em debates, como os que mencionei anteriormente, sobre o ceticismo, o dogmatismo, e o dualismo. No entanto, há outro debate bastante central nesse período, no qual Hegel também procura se posicionar: a questão acerca da própria filosofia, o que ela é e se é, então, uma ciência.

Quarta lição

Saber, ciência e filosofia

Para enfrentar as mais diversas questões, Hegel debate ideias não apenas dos pensadores contemporâneos a ele, como os que integram a filosofia clássica alemã, tais quais Fichte e Schelling, mas também retoma diversos raciocínios e conceitos de toda a história da filosofia, especialmente, da Antiguidade e da Modernidade, como Heráclito, Anaxágoras, Platão, Aristóteles, Hobbes, Locke, Rousseau, entre outros, os quais são referidos diversas vezes ao longo de seus textos. A filosofia hegeliana não se coloca como uma mera oposição a este ou aquele pensador, mas propõe uma continuidade entre os debates da história do pensamento ocidental, retomando ideias que Hegel considera ainda interessantes para os problemas de sua época, inserindo novos elementos à discussão. A filosofia de Hegel é, então, uma articulação crítica feita de ideias antigas e modernas.

Hegel, portanto, empreende esse debate com os mais diferentes filósofos das mais diversas épocas, além de dialogar com cientistas e artistas de distintas áreas do conhecimento, por exemplo, a biologia, a física, a matemática, a economia, a poesia etc. Justamente por isso, em geral, sua filosofia causa um certo estranhamento, ou, talvez, podemos dizer, assusta, à primeira vista, leitores mais acostumados com autores que trabalhem questões mais específicas, ou, ainda, que não as trabalhem exaustivamente, e que tampouco estabeleçam interlocuções com diversos pensadores.

Todavia, um primeiro colete salva-vidas nesse oceano de informações possa ser compreender que, para Hegel, essa atitude tem um significado central no desenvolvimento de seu pensamento filosófico: é preciso nos apropriar das discussões pertinentes de nossa época, tornando-as nossas discussões. Isso porque, para o filósofo, elas pertencem à nossa realidade, ou seja, esses debates são, precisamente, aquilo que nos permeia enquanto sujeitos do nosso próprio tempo, que nos formam enquanto tais, sejamos conscientes disso ou não. Porém, somente ao estarmos conscientes dessas discussões é que podemos pensar livremente sobre elas e, assim, sermos efetivamente livres.

Apropriar-se de uma discussão, de um debate, não é apenas dar a sua opinião sem mais. É conhecer as diferentes posições referentes ao que está em questão, como pensam os autores que defendem uma posição x e como pensam os que defendem uma posição y, quais são os argumentos usados por um e por outro, se há outros modos de considerar a mesma questão ou os termos presentes na discussão, de onde estão partindo esses pensadores para apresentar um ou outro posicionamento, quais são as críticas que cada autor recebe, como foi o desenvolvimento dessa questão em épocas anteriores, em povos distintos, e assim por diante. É somente a partir disso que se pode sair de um mero opinar sobre as mais diversas questões – uma posição superficial, imediata ou ainda abstrata – e construir, de fato, um posicionamento próprio ou concreto, até mesmo, uma filosofia – um aprofundamento das mais diversas questões levado a sério, em que se requer paciência, conforme mencionado na lição anterior, para chegar a esse lugar filosófico. E a filosofia de Hegel é uma amostra de como esse autor pretende trilhar esse caminho.

Fazer filosofia de modo sério é, então, conhecer os temas, os conceitos envolvidos neles, as mais distintas discussões sobre eles, que atravessam os mais diversos autores. Portanto, a partir disso, ser capaz de não apenas reconstruir esses argumentos, mas construir uma posição própria crítica e reflexiva diante deles, concordando com alguns pontos, discordando de outros, iluminando passagens que possam estar obscuras, apontando para a necessidade de desenvolver essa ou aquela questão etc.

Todavia, a discussão acerca do que é ou não filosofia e, de modo mais preciso, se ela é ou não uma ciência, é um dos temas que permeiam a modernidade filosófica, e Hegel não fica de fora do debate. Isso se dá porque, na modernidade, a noção de ciência também passa por transformações, tendo consequências diretas para a filosofia. Em linhas gerais[16], a ciência na modernidade passa a privilegiar a observação, a elaboração de hipóteses e a experimentação como modo de testar essas hipóteses, a fim de determinar o que se pode chamar de verdades científicas. Essas verdades estariam, então, baseadas em evidências – ou ainda, em boas razões – que justificariam a crença nelas. Essas transformações são consolidadas especialmente por meio da matemática e da física.

Nos prefácios da segunda edição da *Crítica da razão pura*, Kant também se pergunta se a

---

16. Retomarei esse ponto com mais detalhes na próxima lição.

filosofia – ou, mais especificamente, a metafísica – pode estar no caminho seguro das ciências, ou seja, se ela é capaz de fornecer verdades sobre a realidade. Ele olhará, então, para o que é considerado seguramente ciência, a saber, para a matemática e para a física, e tentará buscar nelas características que possam, ou não, servir para a metafísica. A partir desses modelos de ciência, ele pensa na possibilidade, ou não, de estabelecer juízos necessários sobre as coisas, assim como de estabelecer esses juízos sem precisar olhar para o mundo para saber se estão corretos. A isso, ele chama de juízos sintéticos *a priori*, ou seja, juízos capazes de fornecer informações acerca da nossa experiência no mundo antes mesmo dessa experiência acontecer – ou as condições de possibilidade da experiência, das condições de possibilidade de conhecermos alguma coisa sobre a realidade. Sua tarefa se põe, então, como sendo a de investigar se existem juízos assim na metafísica, que teriam como objetos não as coisas materiais do mundo, mas as ideais, tais quais a liberdade, Deus e a imortalidade da alma. A conclusão kantiana, conforme apontei anteriormente, é de que, na nossa experiência, só temos acesso aos fenômenos, e não podemos conhecer as coisas em si mesmas, mas podemos e devemos crer nelas, uma fé que se baseia em bons motivos ou razões.

Isso porque, apesar de não podermos conhecê-las, podemos pensar sobre elas e temos indícios, na nossa experiência, de que todas existem, ainda que não possamos afirmar que existam (Allison, 2004; Tecchio, 2005).

Hegel, por sua vez, direciona esforços para defender que, se não podemos fazer afirmações verdadeiras sobre a realidade, seja material ou imaterial, então, em última instância, não há conhecimento. Para haver conhecimento e, portanto, ciência, é preciso que se possa não apenas estabelecer juízos verdadeiros, mas também que se possa saber que temos de fato acesso à realidade, que os objetos sobre os quais estabelecemos tais juízos não são apenas fenômenos, mas as coisas nelas mesmas. E, para isso, conforme vimos na lição anterior, Hegel retorna aos fundamentos da relação entre sujeito e objeto, pensando-os como elementos que compartilham da mesma natureza ou do mesmo princípio, isto é, da razão.

Assim, a relação entre sujeito e objeto seria, para Hegel, determinada por esse princípio, e ele asseguraria, dessa forma, a possibilidade do conhecimento verdadeiro, efetivo, desse sujeito sobre o seu objeto: a realidade, além da relação desse sujeito com ela. A filosofia é, desse modo, a exposição de como essa dinâmica é articulada em seu princípio, a estrutura desse real (e, portanto, também do sujeito que o conhece) e o desenvolvimento de suas categorias. Esse desenvolvimento, por sua vez, pode conter elementos e descobertas históricas – e isso é um dos motivos pelos quais é preciso estar ciente dos debates sobre os conceitos e noções. O conhecimento dessa unidade entre a realidade, em seus aspectos lógico-metafísicos (ou sua estrutura) e histórico-culturais (ou como essa estrutura se torna efetiva no mundo), e o sujeito que conhece e que participa dessa realidade, ou ainda, da unidade entre sujeito e objeto em seus mais diversos aspectos, entre ser e pensar, é um tipo específico de saber, que Hegel chamará de saber absoluto.

Na *Fenomenologia do espírito*, Hegel dirá que sua época é o "tempo de elevar a filosofia à condição de ciência", isto é, o tempo em que a filosofia deixasse de "chamar-se *amor* ao *saber* para ser *saber efetivo*" (Hegel, 2005, p. 27, grifo do autor)[17]. Esse é,

---

17. Hegel faz alusão à origem grega da palavra filosofia, ou seja, à unidade entre *philos* e *sophía*, respectivamente, amizade, amor, afeição e sabedoria, dando o significado de amor ao saber ao termo. Essa reflexão sobre a etimologia tem um papel bastante importante tanto para a filosofia hegeliana quanto para seus leitores e estudiosos, uma vez que ela esclarece profundamente sentidos precisos e rigorosos de termos ao longo das obras de Hegel. Ao longo deste livro, esse recurso será

em linhas bastante gerais, o objetivo dessa obra, conforme o autor mesmo apresenta nessa passagem: "O que esta 'Fenomenologia do espírito' apresenta é o vir a ser da ciência em geral ou do saber" (Hegel, 2003, p. 40)[18], ou seja, apresentar como e por que aquele era o momento em que a filosofia teria finalmente alcançado esse *status* de ciência, isto é, as condições de possibilidade da filosofia apresentar propriamente um saber efetivo (ou seja, nem um dogma, nem se manter cético). A *Fenomenologia do espírito* seria, então, nessa interpretação, o percurso da própria filosofia em seu desenvolvimento, do desenvolvimento do saber, seus momentos (ou, podemos dizer, estágios conceituais) e suas figuras (ou, *grosso modo*, como esses estágios conceituais apareceram[19] ao longo

---

bastante presente, a fim de buscar esses esclarecimentos de conceitos centrais hegelianos.

18. Retornarei a esse ponto na Sétima lição.

19. Do verbo alemão, *erscheinen*, aparecer, mostrar-se, ser perceptível, que também gera o substantivo *Erscheinung*, fenômeno ou aparecimento, embora o termo do título da obra em alemão seja o termo de origem greco-latina *Phänomenologie* (do grego antigo *phainómenon*, algo que aparece, algo que é visto, algo observável; incorporado pelo latim tardio como *phaenomenon*). Assim, o título da obra é bastante explícito: é o aparecimento efetivo do espírito ao longo da sua trajetória até a época hegeliana.

da história) até chegar à época de Hegel[20]. O ápice desse desenvolvimento seria justamente o aparecimento de um saber que forneceria a possibilidade de um conhecimento efetivo das coisas por poder conhecer verdadeiramente o seu fundamento – e, precisamente, de poder reconstruir as suas próprias condições de possibilidade, como faria nessa obra.

É importante frisar que, embora possamos considerar a seleção de figuras e de momentos específicos feita por Hegel como apenas parcial, deixando de lado uma série de momentos históricos e filosóficos que poderiam ser igualmente relevantes em outras considerações, tais quais a filosofia indiana ou a história do Egito, essa seleção é feita a fim de reconstruir um percurso muito específico: o de como a filosofia, para Hegel, torna-se um saber efetivo apenas na modernidade. Para isso, o autor reconstrói, de modo

---

20. Sobre o espírito que é o sujeito do aparecimento aqui e em outros momentos da obra de Hegel, voltarei na Sétima lição. Nesse momento, adianto que a noção de espírito está diretamente conectada com a de história. *Grosso modo*, o espírito também percorre seu próprio caminho na *Fenomenologia do espírito*, refletindo sobre ele, tornando-se, assim, consciente de si mesmo. Assim, o saber que percorre esse mesmo caminho não deixa de se tornar também um saber que se sabe de si mesmo, autoconsciente. O saber absoluto é também esse saber que sabe o que é (e como chegou a ser, como se desenvolveu), conforme explicito a seguir.

bastante representativo, a história da filosofia ocidental europeia e de seus conceitos, tradição na qual ele mesmo se insere. Então, o argumento hegeliano apresentado aqui é o de expor o caminho do desenvolvimento da filosofia até o saber absoluto, isto é, as premissas necessárias e suficientes para uma consequência bastante pontual. Nesse sentido, outros momentos histórico-filosóficos não seriam interessantes aqui, não sendo, por isso, menos relevantes para outros tipos de considerações ou filosofias[21].

Assim, o saber absoluto aparece historicamente a partir de uma série de discussões sobre diversos conceitos, sem os quais ele não seria possível, como o ceticismo, o dogmatismo, a história, o idealismo transcendental, a religião, entre outras. É essa série de tentativas e erros de encontrar a verdade que leva a filosofia a compreender algo muito importante que ela, até então, estava deixando de lado (ou dando "voltas ao redor da Coisa mesma" (Hegel, 2003,

---

21. Há um grande debate atual sobre a seleção de momentos da história relevantes para a filosofia hegeliana, que não é limitada apenas à *Fenomenologia do espírito*, mas que inclui as *Lições da filosofia da história*. Evidentemente, pode-se discordar da reconstrução hegeliana, bem como de sua consequência; porém, é importante compreender o *porquê* dessa escolha peculiar. Para um debate mais amplo sobre isso, cf. Dudley (2009).

p. 26), sem propriamente entrar em sua experiência): que o sujeito e o objeto, o ser e o pensar (ou, como veremos na Sétima lição deste livro, consciência e espírito), são uma unidade, têm a mesma natureza ou fundamento. Esse já era um *insight* presente na Antiguidade, ao qual Hegel tenta retomar a partir de sua perspectiva, mas sem meramente retornar a ela, uma vez que uma série de eventos e, com isso, novos conceitos surgiram ao longo desse mesmo percurso. Todavia, esse *insight* parece também ter se perdido nesse caminho, especialmente ao longo da Modernidade, o que aparece por meio de um predomínio dualista nas teorias modernas, tendo seu ápice, como vimos, no idealismo transcendental de Kant. Mas, mesmo este idealismo e os debates os quais ele gerou são também necessários para o surgimento desse momento tão especial, o qual Hegel denominou de saber absoluto. Esse saber, então, é uma visão ampla e uma busca por aqueles elementos que constituem uma unidade fundamental entre ser e pensar, bem como a articulação desses diversos saberes espalhados pelo caminho, que ajudaram a construí-lo.

E é por isso, também, que Hegel insiste na conexão entre os conceitos de saber (absoluto), de filosofia e de ciência: porque eles já estão, por definição, conectados, faltando apenas que isso efetivamente aparecesse. A palavra ciência em alemão, *Wissenschaft*, já contém a palavra saber, *wissen*, sendo, literalmente, uma espécie de sabedoria, *sophía*. O termo alemão para ciência também contém o sufixo *-schaft*, que indica um prolongamento ou uma extensão (sentido proveniente do alemão antigo e do saxão, *Skaft*, que ainda está presente na língua sueca, significando haste ou eixo) e uma ideia de conjunto. Assim, o sentido de ciência em alemão é o de ser um conjunto de saberes, um prolongamento ou desenvolvimento do saber, não algo atômico, isolado. Fazer filosofia é, portanto, nada mais do que fazer ciência, que apresentar um certo tipo de saber ou um conjunto de saberes e suas conexões. A especificidade da filosofia enquanto ciência reside, então, para Hegel, em ser um saber que é precisamente o saber de como os saberes estão conectados, de como eles se articulam, e isso a partir de seus fundamentos, da investigação acerca da conexão, do elemento que conecta tudo, de como ele está estruturado, de como ele se apresenta. Esse fundamento, conforme vimos antes, é a razão ou o *logos*. Nesse sentido, a ciência que a filosofia faz é apresentar a razão em seus mais diferentes aspectos e como ela se torna efetiva, ou ainda, apresentar uma ciência da lógica ou ciência do *logos*, que é o passo seguinte de Hegel após a *Fenomenologia do espírito*[22].

Assim, conforme mencionado anteriormente, o saber absoluto é o saber que sabe de si mesmo, que se examina, que sabe da sua própria finalidade e sabe quais são seus objetos, que se compreende não apenas enquanto desenvolvimento de conceitos, mas também como o seu próprio desenvolvimento até o estágio atual – o estágio em que ele é capaz de fazer isso, de refletir sobre si mesmo. A filosofia como ciência tem, desse modo, para Hegel, uma natureza diferente das outras ciências – e isso significa que ela precisa de um método próprio.

---

22. Cf. nota 3 da Primeira lição deste livro.

Quinta lição

Uma breve discussão sobre o método

A discussão acerca do método, como podemos ver na lição anterior, está intrinsecamente relacionada com a discussão sobre o que é ciência. Isso não é necessariamente uma peculiaridade da filosofia de Hegel, embora nessa filosofia ela tenha uma abordagem própria. Com efeito, esse debate sobre o método próprio da filosofia atravessa a história das ideias, mas toma uma forma específica na Modernidade, sobretudo, a partir do Renascimento.

A noção do que é ciência – até o período renascentista – é baseada em teorias essencialmente aristotélicas. Para Aristóteles, fazer ciência (Angioni, 2014)[23] é demonstrar algo,

---

23. Em grego, *episteme*, ciência ou conhecimento; para Aristóteles, de modo geral, significa mais pontualmente o conhecimento de causas necessárias, de leis da natureza e do cosmos, e também uma sistematização de conhecimentos racionais.

ou seja, apresentar um certo tipo de discurso que parta de premissas tomadas como necessárias e universais cuja conclusão, particular, resulte da conexão lógica dessas premissas. A esse tipo de apresentação – ou raciocínio – denomina-se dedução (ou silogismo).

É a partir disso que a teoria do geocentrismo, da qual Aristóteles também compartilha, vai se consolidando. Nessa teoria, defende-se que é o Sol que gira em torno da Terra, que, por sua vez, permanece estática. Em linhas bastante gerais, essa teoria procurava sustentar que podemos perceber o Sol (e outras estrelas e planetas) se movendo no céu, enquanto nós ficamos parados. Por isso, o universo seria composto por uma série de órbitas organizadas em torno da Terra, que permanece estática, enquanto todo o resto estaria em movimento. Assim, o universo seria uma grande esfera formada por essas órbitas em camadas sucessivas, sendo a última delas o limite, isto é, o universo seria finito. No centro de todas essas camadas, estaria a Terra, estática (Zingano, 2005).

Dessa forma, o modelo geocêntrico parecia fornecer a necessidade e a universalidade para que se pudesse deduzir outras coisas dele e, desse modo, fazer ciência. Vale ressaltar que essa teoria se perpetuou pelos séculos seguintes, chegando, especialmente, aos pensadores católicos da Escolástica, na Idade Média. Eles se baseavam nas teorias Aristotélicas não apenas para sustentar as próprias teorias, mas também, e precisamente, para sustentar a fé cristã. No período medieval em geral, o desenvolvimento filosófico visava, sobretudo, fundamentar a fé cristã, isto é, esses pensadores colocavam a razão a serviço da fé católica, a fim de fortalecer as bases da própria Igreja e, com isso, poder difundi-la cada vez mais (Gilson, 1995, 2006).

Mas muitas coisas começaram a mudar a partir da proposta radicalmente oposta do heliocentrismo por Nicolau Copérnico. Este cientista defendia que era a Terra que se movimentava em torno do Sol, e não o contrário. Depois de sofrer censura e ser amplamente perseguida pela Igreja, já que se opunha diretamente àquilo que sustentava teoricamente a fé católica, essa proposta e seus aspectos foram cada vez mais desenvolvidos, sobretudo, por cientistas como Johannes Kepler, Galileu Galilei e Isaac Newton. A partir, em especial, da invenção do telescópio por Galileu, que ofereceu novas evidências sobre o movimento celeste, pôde-se comprovar que é a Terra que gira em torno do Sol, este sim, sendo colocado como o centro, estático. Porém, Giordano Bruno, outro pensador que colaborou bastante com esse debate, apesar de defender que a Terra girava em torno do Sol, tal qual Copérnico, apresentava uma teoria um pouco distinta e, por isso, fora igualmente perseguido pela Igreja, tendo sido condenado à fogueira pela inquisição. Para ele o universo seria infinito e, portanto, não haveria nenhum centro.

A efervescência dessas ideias, que podemos chamar de Revolução Científica, passou a fornecer, então, um novo conceito de ciência intrinsecamente ligada a um método: para que se sustente uma crença, não apenas demonstrações lógicas seriam suficientes, mas também demonstrações empíricas. O método científico passa a ser compreendido como aquele no qual o cientista observa os fenômenos particulares e pensa a respeito deles, propõe hipóteses sobre por que eles ocorrem daquela forma, faz alguns experimentos baseados nessas hipóteses, a fim de testá-las e, por fim, a depender dos resultados – de suas evidências, as quais verificariam suas hipóteses –, apresenta uma teoria. Assim, o método passa a dedicar uma atenção especial à indução. Uma teoria passa a ser tomada como verdadeira, ao menos até que surja uma nova evidência que a coloque em questão. A ênfase é esta: há evidências – ou boas razões – para tomar algumas crenças como verdadeiras, baseadas em observações e experimentos, não apenas em raciocínios dedutivos.

Com isso, a própria filosofia passa a se questionar se ela mesma é ou não uma ciência, se ela pode fornecer verdades não apenas logicamente dedutíveis, mas também a partir de induções, e a debater esses tipos de raciocínios. A questão do método passa a ser uma das mais centrais em toda a filosofia moderna, sendo discutido, por exemplo, por Francis Bacon e René Descartes. Esses pensadores também se colocaram como opositores da filosofia de Aristóteles, sobretudo, das teorias escolásticas fundamentadas no pensamento aristotélico. David Hume é outro que se ocupa do problema da indução, e será fundamental para que Kant, conforme ele mesmo diz no prefácio dos *Prolegômenos a toda metafísica futura que possa apresentar-se como ciência* (1783), acorde de seu sono dogmático, elaborando, então, sua filosofia crítica. Hegel deve, portanto, a Kant – mas, como podemos ver, não somente a ele – suas discussões sobre um método apropriado para fazer filosofia de modo efetivo.

Conforme exposto na lição anterior, Hegel pensava que a filosofia era sim uma ciência e, assim, não apenas poderia, como deveria fornecer um saber seguro sobre a realidade. Porém, era uma ciência de natureza bastante específica, já que ela forneceria um saber capaz de pensar não apenas sobre a realidade, mas também sobre si mesma. Ao fazer isso, ao investigar os fundamentos de si mesma, o *logos*, ela fornece os fundamentos da realidade efetiva, precisamente porque, conforme vimos, o *logos*, ou o elemento racional, é aquilo que conecta o pensar e o ser. O conteúdo de sua investigação seria, portanto, o lógico ou o racional, seja ele do pensar, seja daquilo que é na realidade (sendo ambos, em última instância, o mesmo elemento). Por essa peculiaridade, não seria adequado importar seu método – ou a forma de investigação – de outras ciências. Dito de outro modo, seria inadequado fazer o que fez Kant ao tentar buscar na matemática e na física seus critérios para aplicá-los na metafísica ou na filosofia pela simples razão de que, quando fazemos filosofia, não estamos fazendo nem matemática, nem física. A filosofia, para Hegel, por causa de sua natureza, precisa de um método próprio, pois ela é, essencialmente, uma investigação racional sobre a própria razão: "na ciência, o conteúdo está essencialmente ligado à forma" (Hegel, 2021, p. 16).

Assim, a seu próprio modo, Hegel incorpora os debates sobre a importância de aspectos empíricos para a filosofia e, também, sobre o silogismo. Por um lado, na *Filosofia do direito*, Hegel deixa bastante claro que a filosofia não é um pensar fechado em si mesmo, mas que se relaciona com o efetivo, com o que há de racional na realidade:

> Por isso é de se considerar uma *sorte* para a ciência [...] que esse filosofar, que gostaria de continuar a urdir a sua trama dentro de si como um *saber de escola* se pôs numa relação mais próxima com a efetividade, na qual os princípios do direito e dos deveres são uma coisa séria e que vive à luz da consciência dos mesmos [...]. É precisamente a *essa posição da filosofia para com a efetividade* que se referem os mal-entendidos [...], que a filosofia, porque ela é o *perscrutar do racional*, é, precisamente por isso, o *apreender do presente e do efetivo*, não o estabelecer de um *além*, sabe Deus onde deveria estar – ou do qual bem se sabe de fato dizer onde está, a saber, no erro de um raciocínio vazio, unilateral (Hegel, 2022, p. 138, grifos do autor).

Fazer filosofia, enquanto ciência, é pensar a realidade a partir da racionalidade contida nela mesma, observando-a e, assim, fazendo surgir o pensamento da sua verdadeira concretude –

ou permanecemos em uma investigação vazia e meramente abstrata[24].

Por outro lado, Hegel dedica parte da *Ciência da lógica*, no volume sobre a lógica subjetiva ou, ainda, sobre a *Doutrina do conceito*, à questão do silogismo, retomando pontos desse debate ao longo da história das ideias, especialmente em Aristóteles e na Escolástica[25]. Hegel se propõe a investigar qual seria a articulação lógica mais precisa entre os diversos juízos e a universalidade, a particularidade e a singularidade, tema que também perpassará todos os aspectos de sua filosofia. *Grosso modo*, investigar a racionalidade na realidade é investigar o modo como universal, particular e singular se articulam. Fazer filosofia é, em outras palavras, demonstrar como esses aspectos surgem na realidade.

A mais adequada forma pela qual é possível demonstrar essas coisas é nada mais do que a forma pela qual essas coisas já estão, segundo Hegel, articuladas em si mesmas, isto é, em

---

24. É importante frisar que essa racionalidade para esse filósofo é, então, *imanente* ao real, interna a ele, e não, como o próprio Hegel aponta na citação acima, para *além* dela ou *transcendente*.

25. Para aprofundar o estudo sobre o silogismo em Hegel, cf. Orsini (2016).

unidade com seu conteúdo. É preciso elucidar como as coisas estão intrincadas em si mesmas, ou seja, demonstrar o processo e seu resultado. Em outras palavras, é preciso demonstrar o desenvolvimento interno da realidade, sua lógica. Então, Hegel expõe, por exemplo, na *Enciclopédia das ciências filosóficas*, como isso se daria[26]:

> O lógico [*Das Logische*] tem, segundo essa forma, três lados: a) o *lado abstrato* ou do *entendimento*; b) o *dialético* ou *negativamente racional*; c) o *especulativo* ou *positivamente racional* (Hegel, 1995, p. 159, acréscimo nosso, grifos do autor).

O primeiro momento; a saber, o entendimento, é o lado abstrato, porque ele é o momento da abstração, isto é, o momento no qual os elementos são postos e examinados isoladamente, sem relação com o todo. É o momento de considerar cada elemento, categoria ou articulação de forma separada, como diferenciada das outras partes e do todo. Aqui, esses elementos, tomados isoladamente, surgem como opostos a outros elementos, porque suas relações são deixadas de lado. Conforme vimos na Terceira lição, o momento abstrato

---

26. Desenvolvo mais esse ponto em Miranda (2019).

é parcial, mas extremamente necessário para a investigação filosófica. No entanto, não se pode permanecer nele, porque faltam as conexões com o todo.

Assim, o segundo momento, o dialético ou negativamente racional, é mais concreto em relação ao anterior. Nele, nega-se os elementos anteriores em seu isolamento, isto é, nega o isolamento em si. Esse é o momento no qual se consegue considerar como o entendimento é limitado ou finito no seu modo de isolar e separar os elementos, ultrapassando as oposições que surgiram anteriormente. Mas, esse ainda é um momento negativo ou, podemos dizer, cético. Coloca-se em questão o isolamento, a separação ou a oposição, porém de modo suspenso: para-se por aí. Segundo Hegel, novamente, esse momento é de extrema importância e, apesar de mais concreto que o anterior, também não se pode ficar nele. O ceticismo é parte da filosofia, mas, para Hegel, não se pode tornar-se um cético, até porque, conforme vimos anteriormente, a razão pode sim conhecer as coisas como elas são em si mesmas, então é preciso dar um passo além do ceticismo.

Esse passo além é o terceiro momento, o especulativo ou positivamente racional. É aqui que os passos anteriores e o que surgiu deles são rearticulados, ou seja, é aqui que se supera a oposição como uma oposição. Uma nova unidade surge como um resultado positivo da dialética, uma unidade que reúne em si os elementos anteriores, mas agora como uma totalidade, articulados por meio de suas relações internas uns para com os outros. Não está presente aqui somente o resultado desse processo, mas o processo em si. O especulativo é a demonstração de como essa unidade mais complexa foi produzida, através de divisões, separações, isolamentos e abstrações, mas também da negação disso enquanto oposições, enquanto elementos contrapostos, e sim rearticulados e reconectados.

É por meio desse método que isola, nega esse isolamento e rearticula todo esse processo em uma nova unidade – que, por sua vez, repetirá esses passos –, que se pode, para Hegel, fazer filosofia como ciência. Dito de outro modo, é assim que se pode conhecer como as coisas são. Esse método hegeliano propiciaria o aparecer dessas articulações como são nelas mesmas, e não como nós achamos que elas deveriam ser. Nesse sentido, as coisas não são isoladas ou separadas umas das outras, embora possam, em um primeiro momento, abstrato ou imediato, aparecer assim. Mas é preciso fazer o esforço de ver como elas são de fato, conforme Hegel, articuladas segundo o elemento racional. Portanto, é preciso que esse elemento seja também considerado e que ele possa fazer o seu trabalho: mostrar como aquilo que parece isolado é, na verdade, parte de uma totalidade complexa e cheia de determinações conectadas umas às outras.

O problema do método e da ciência se apresenta de um modo particular quando Hegel trata de um dos grandes problemas da história das ideias: como compreender a natureza.

Sexta lição

Sobre a filosofia da natureza

Conforme vimos anteriormente, Hegel se dispõe a pensar a filosofia como uma ciência e a discutir o método específico dessa ciência, que também é, por sua vez, específica. Toda a discussão, especialmente moderna, acerca do que é ciência e de como apresentar resultados propriamente científicos ganha um contorno especial quando a ênfase científica se volta para o que era considerado ciências naturais ou ciências da natureza, tais quais, a física, a química e a biologia. O método que prioriza observações empíricas é, para Hegel, insuficiente para oferecer uma apreciação adequada da realidade. É preciso superar o meramente empírico e incluir o elemento da razão nessa metodologia. Isso também vale para a natureza[27].

A partir da Modernidade, especialmente do século XVII, com as discussões de

---

27. Para um aprofundamento da filosofia da natureza de Hegel, cf. Stone (2004).

Descartes, Galileu e Newton, ganha força o modo mecanicista de compreender a natureza. Esse modelo se contrapõe ao antigo, em especial, a uma ideia de *physis*: a de que a natureza seria provida de uma ordem imanente um princípio vital responsável por seus processos e movimentos (Gonçalves, 2006). Esse modelo, por vezes, esteve ligado a um misticismo ou a um obscurantismo contra o qual a razão, que reivindicava seu lugar na Modernidade, deveria lutar. A saída foi, de modo geral, recorrer ao método matemático e enxergar na natureza uma linguagem capaz de ser decifrada por ela, mais especificamente, pelo estudo das formas geométricas.

Para Descartes, por exemplo, a essência da natureza poderia ser apreendida por meio da noção de substância (*res*) extensa, e essa, por sua vez, poderia ser concebida por meio das três dimensões geométricas. Matéria e movimento passam a ser tema das discussões. Desse modo, o princípio da natureza não seria um princípio vital ou mesmo uma alma, mas seus fenômenos poderiam ser explicados de forma mecânica e com ajuda da lei da causalidade. Surge, assim, a metáfora da natureza não mais como um grande organismo vivo, mas como uma máquina (Gonçalves, 2006).

Toda essa tentativa de acomodar a racionalidade na forma de uma visão puramente matemática e mecânica da natureza deixa a Modernidade com outro grande problema: o da liberdade. Essa visão embasa uma ideia determinista: se o ser humano é reduzido a uma engrenagem dessa grande máquina, como poderia ele ser livre?

Em 1796 (ou 1797, a data é imprecisa) um texto (hoje, resta apenas um fragmento) é atribuído a provavelmente três jovens: Hölderlin, Schelling e Hegel, que viam na leitura mecanicista um grande problema, propondo, portanto, uma nova ideia de física ou de natureza: *O mais antigo programa de sistema do idealismo alemão*[28]. Nele, não apenas o problema do mecanicismo é apontado, como também o de se ater apenas ao método empírico. Para os possíveis autores do texto, seria preciso recuperar algumas ideias da *physis* antiga, mas sem negar necessariamente todos os avanços da ciência moderna. Vale ressaltar que esse tema também provocará uma ruptura profunda entre dois desses colegas

---

28. O fragmento foi publicado com esse título, em 1917, por Franz Rosenzweig. Uma tradução comentada foi publicada, em 2003, por Beckenkamp. Nela, o autor discute quem poderia ter realmente escrito o texto e se divide entre Schelling e Hegel, mas aponta indícios para a autoria de Hegel. Ele também discute brevemente a hipótese de Hölderlin ter colaborado com o texto.

um pouco mais tarde, no caso, Schelling e Hegel. Schelling compreenderá a natureza como uma subjetividade, um organismo vivo que produz seu próprio movimento. Hegel, por sua vez, se manterá em uma perspectiva antropocêntrica, sustentando que o verdadeiro sujeito não é a natureza, mas o espírito.

Hegel só oferece sua própria filosofia da natureza de modo sistemático em 1817, com a publicação da primeira edição da *Enciclopédia das ciências filosóficas*. Nesse compêndio, *A filosofia da natureza* ocupa o segundo volume, precedido por uma versão mais resumida e didática da *Ciência da lógica* e seguida por *A filosofia do espírito*. Portanto, a natureza pode ser compreendida como o termo médio entre a ideia e o espírito.

Para Hegel, a ideia tem três momentos: a vida, o conhecer e a ideia absoluta. Esta última é, de modo geral, a unidade ou a totalidade dos momentos anteriores. Assim, a ideia é, em resumo, o conceito e sua efetivação, ou seja, a realização efetiva do *logos*, ou ainda, dito de outro modo, a efetivação da vida consciente de si mesma. Porém, aqui, ainda é só uma ideia. A natureza, dessa perspectiva, é a exteriorização dessa ideia no tempo e no espaço, a exteriorização da vida lógica em seu aspecto natural.

O espírito, por sua vez, como veremos na lição seguinte, será a tomada de consciência dessa ideia, ou seja, a vida que se exteriorizou naturalmente e que retorna a si mesma – ou que é capaz de pensar a si mesma – da perspectiva espiritual. É por isso que, para Hegel, é o espírito que é o verdadeiro sujeito, e não a natureza, porque somente ele é capaz de pensar sobre si mesmo. Embora a natureza contenha em si o *logos*, porque ela é a sua exteriorização, para Hegel, falta-lhe algo fundamental: a autoconsciência.

Apesar disso, o *logos*, ou a razão, está presente na natureza. Nos momentos mais imediatos, o modo como ele aparece será mais abstrato e à medida que as problemáticas, nesse caso, relativas à natureza, vão se tornando cada vez mais complexas, ele vai também se apresentando de modo mais concreto. Dessa forma, Hegel começa a discussão sobre a natureza precisamente a partir do mecanismo. Para ele, essa forma de apresentação da natureza não está totalmente equivocada, mas ela permanece na abstração, no isolamento da natureza e de suas categorias da totalidade da qual ela mesma faz parte. Assim, a mecânica ainda permanece no nível do entendimento e também da representação – não chegando à coisa mesma – da natureza, explicitada pelas leis da matemática e da geometria.

Esse é um dos modos, em linhas gerais, pelos quais podemos entender *A filosofia da natureza* de Hegel como uma crítica à visão mecanicista (Gonçalves, 2010).

As formas mais concretas da manifestação do *logos* na natureza, nas quais a representação dá lugar progressivamente ao conceito ou ao racional propriamente dito, aparecem com relação ao fenômeno da vida. A manutenção da vida é a finalidade dessa manifestação, ou seja, da ideia que agora se apresenta em seu aspecto natural (Zebina, 2018). Por isso, é para essa problemática que Hegel reserva o termo organismo. A organicidade que a natureza apresenta, para o filósofo, é fundamentalmente lógica, isto é, um desdobramento da própria ideia e de sua dinâmica. Assim, as categorias da natureza seriam manifestações de desdobramentos lógicos que fundamentam o fenômeno da vida no seu aspecto natural. A conexão entre os diversos processos mecânicos, químicos e físicos, articulados em uma unidade ou tendo uma finalidade – a manutenção da vida – é o que leva Hegel a sustentar a natureza como uma totalidade sistemática orgânica.

Todavia, ainda que contendo a racionalidade dentro de si, essa totalidade permanece inconsciente disso. Mas sua organização interna e o desenvolvimento de seus processos depreendem a necessidade de um ser também mais desenvolvido: um ser consciente. Esse é o ser humano, somente ele é capaz de se compreender e de compreender o mundo, a realidade e a natureza. Essa capacidade, no entanto, para Hegel, só é alcançada por meio da filosofia, o momento mais elevado do espírito.

Sétima lição

Consciência, consciência de si e espírito

As noções de consciência (*Bewusstsein*, e sua versão ciente de si, ou seja, a autoconsciência ou consciência de si, *Selbstbewusstsein*) e de espírito (*Geist*) são centrais para a filosofia hegeliana. Uma das obras nas quais essas noções aparecem de modo mais preciso é na *Fenomenologia do espírito*. Desse modo, vou tomar essa obra como base para apresentar essas noções, fazendo eventuais referências a outros textos nos quais Hegel as discute.

A *Fenomenologia do espírito* é uma obra que gera muitas e distintas interpretações devido à variedade de conceitos e de temas abordados. Aqui, vou me ater a uma leitura epistemológica desse livro, que creio ser seu ponto mais fundamental – ainda que não o único. Isso pode nos ajudar a apontar para alguns desdobramentos de outras ordens, como o campo ético e político.

Conforme vimos anteriormente[29], o que a *Fenomenologia do espírito* apresenta é "o vir a ser [ou devir, *werden*] da *ciência em geral* ou do *saber*" (Hegel, 2003, p. 40, grifo do autor). Ainda segundo o autor, "para tornar-se saber autêntico, ou produzir o elemento da ciência que é seu conceito puro, o saber tem de se esfalfar através de um longo caminho" (Hegel, 2003, p. 41). É esse longo caminho que a obra trabalha: o modo como o saber se desenvolve até se tornar um saber propriamente científico, ou o que Hegel chama de saber absoluto. Em outras palavras, é a exposição de como o saber passa a tornar-se consciente de si mesmo enquanto ciência, por meio da retomada e da reflexão – ou, nos termos de Hegel, de uma rememoração (*Erinnerung*) – sobre cada momento desse processo. Também é, considerando o título da obra, conforme mencionado anteriormente[30], o aparecimento do espírito no mundo.

Há um debate bastante interessante acerca da possibilidade de a *Fenomenologia do espírito* ser lida como um romance de formação (*Bildungsroman*) (Hyppolite, 2003). Nesse gênero literário, o romance exporia o desenvolvimento

---

29. Quarta lição.

30. Cf. nota 19, na Quarta lição.

ou um período de transição sob vários aspectos – psicológicos, morais, políticos etc. – da personagem principal. Em outras palavras, o romance de formação apresentaria um amadurecimento da personagem, como Hegel apresentaria o amadurecimento, por exemplo, da consciência.

Nesse sentido, poderíamos discutir quem é a personagem principal da obra: a consciência ou o saber. Por um lado, podemos acompanhar o percurso da personagem principal – por ora, vamos tomá-la como sendo a consciência – enquanto ela mesma se desenvolve. Com isso, nós mesmos podemos desenvolver nosso modo de conhecer através da consciência, como se aprendêssemos com ela a considerar esses paradigmas e a desenvolvê-los, partindo de estágios mais abstratos em direção aos estágios mais concretos. Nesse sentido, podemos ver como a consciência acaba por tornar-se mais sábia. Por outro lado, podemos percorrer esse mesmo percurso do ponto de vista do saber. Esse ponto de vista, todavia, é mais elaborado do que o anterior, pois ele compreende cada momento rememorado pela consciência como articulados necessariamente uns com os outros, de modo dialético. Não é mais apenas a consciência que se torna mais sábia, mas o próprio saber que se torna mais concreto – ou ainda, o próprio saber que se torna autoconsciente de si mesmo. Para essa segunda abordagem, no entanto, é exigido que já se conheça o percurso como um todo, seus momentos e figuras, e como estão articulados.

Contudo, podemos perguntar: mas, e quanto ao espírito que está no título da obra? Para responder, precisamos considerar a estrutura da *Fenomenologia do espírito*.

Ao longo da obra, Hegel mostra como a consciência se relaciona com diferentes tipos de objetos, por exemplo, os objetos do mundo, outras consciências, a história, a religião e o próprio saber. De todos os modos, ela sempre se coloca como uma outra frente ao objeto que considera ou enfrenta. Conforme vimos nas lições anteriores, o saber absoluto seria precisamente o momento no qual a consciência opera uma mudança fundamental no modo de se relacionar com isso que parece um outro, um objeto para esse sujeito que conhece: ela passa a se compreender em uma unidade com essa alteridade. Essa é a grande mudança de paradigma que Hegel propõe por meio da sua filosofia, uma unidade fundamental entre sujeito e objeto. Mas, para mostrar como a consciência chega até esse estágio, Hegel divide a *Fenomenologia do espírito* em duas grandes partes: a consciência, compreendendo os capítulos I a III;

e a consciência de si, compreendendo os capítulos IV a VIII.

Na primeira, a consciência se relaciona com objetos inanimados, por assim dizer, como os objetos do mundo (casas, árvores etc.). Dessa maneira, a consciência investiga uma certa objetividade, aqui entendida de modo bem amplo. Nesses capítulos, Hegel trabalha conceitos como sensibilidade, percepção e entendimento, sendo cada um deles um modo mais complexo de compreender a mesma relação entre a consciência e essa objetividade do que o anterior. Todavia, a partir do capítulo IV, ocorre uma alteração no tipo de objeto com o qual a consciência se defronta, assim como no modo em que a consciência se relaciona com eles. Esses objetos passam a ser tais que, de certo modo, também envolvem alguma subjetividade, isto é, são relações entre consciências e suas ações e produtos no mundo. No entanto, essa subjetividade é precisamente o meio pelo qual a objetividade passa a ser construída e compreendida a partir daqui. Assim, o primeiro desses objetos é uma outra consciência singular cuja consciência encontra e enfrenta. Como veremos na lição seguinte, essa outra consciência força nossa personagem principal a olhar também para si mesma. A partir de então, temos estágios diferentes de desenvolvimento não mais de uma consciência, mas de uma autoconsciência, estágios que partem de um momento mais abstrato e se direcionam ao momento mais concreto, para Hegel, quando a consciência passa a se compreender como una com o mundo que investiga.

Desse modo, o espírito é um estágio no qual a consciência de si passa a considerar seu objeto com ajuda de um elemento muito específico: a história. Todavia, o engendramento do espírito no percurso da consciência se dá de um modo também específico: o espírito surge a partir do momento do reconhecimento das consciências de si como consciências de si, isto é, de consciências livres e dos seus direitos. Quando o direito se torna institucionalizado, ou seja, uma lei de um Estado que visa assegurar a liberdade das consciências de si, o espírito se coloca efetivamente no mundo. A história que Hegel considera é a história da concretização da liberdade por meio da relação entre si das várias autoconsciências.

Essa história incluirá, mais adiante no percurso – e nos capítulos da *Fenomenologia do espírito* –, a religião que, aqui, trará uma consideração sobre a arte e o saber. Essas são formas de aparecimento do conceito – da razão ou do *logos* – no mundo, na história e nas culturas. O espírito mais concreto aparecerá, para Hegel, tal qual uma conexão entre Estado (como instituição capaz de assegurar a realização efetiva da liberdade), religião e ciência – ou filosofia –, na figura do saber absoluto, e a forma mais concreta do espírito pode ser conhecida precisamente por esta última. A filosofia é, assim, o autoconhecimento da consciência como espírito. O espírito, então, é uma forma mais elaborada, complexa e concreta da consciência de si: ele é uma autoconsciência que não se pensa mais de modo meramente abstrato, mas em articulação com a história e a cultura – e, conforme vimos na lição anterior, também com a natureza –, sendo seu ápice a capacidade de se compreender como um todo, que articula em si esses elementos.

Com isso em mente, podemos considerar as etapas desse percurso fenomenológico de dois modos: como momentos e como figuras. Os momentos seriam as considerações de cada etapa, segundo sua perspectiva abstrata, isto é, a estrutura da problemática específica que ela apresenta. A figura, por sua vez, seria a concretização dessa estrutura para a consciência. Assim, a figura da certeza sensível é o momento mais imediato da consciência que passa a investigar seus objetos, colocando o problema da compreensão do mundo nas mais abstratas considerações: a do tempo e a do espaço. A figura do saber absoluto, por sua vez, é o momento mediado da consciência, que já não é mais apenas autoconsciência, mas que se sabe também como espírito e que coloca o problema de como exatamente compreender essa unidade mais fundamental.

Nesse sentido, as figuras que Hegel apresenta podem ser classificadas como figuras da consciência e figuras do espírito (Borges, 2009). As primeiras podem ser compreendidas como momentos nos quais a consciência ou a consciência de si ainda investiga seus objetos colocando as problemáticas de modo abstrato, isoladas de fatores históricos ou culturais. Essas problemáticas até podem ser consideradas juntamente com alguns fatores históricos – por exemplo, a figura do estoicismo ou do ceticismo –, mas eles não são constitutivos das figuras da consciência. As figuras do espírito, por sua vez, podem ser compreendidas como aquelas cujas problemáticas não podem ser consideradas separadamente de seu momento histórico ou da cultura, isto é, essas figuras são aqueles momentos históricos ou culturais.

No terceiro volume da *Enciclopédia das ciências filosóficas*, *A filosofia do espírito*, Hegel apresentará uma formulação mais detalhada sobre o espírito, subdividindo-o em três instâncias: o subjetivo, o objetivo e o absoluto. Ao primeiro, Hegel dedicará considerações acerca do espírito tomado isolada e abstratamente. É aqui que a *Fenomenologia do espírito* ressurge, e que é fruto de discussão entre os pesquisadores sobre seu lugar no sistema, como mencionamos em nota à Primeira lição[31]. Ainda que ela reapareça aqui, após uma consideração sobre a alma, a exposição termina precisamente no capítulo da razão da *Fenomenologia do espírito*. O espírito que surge a seguir também é considerado sob uma perspectiva abstrata, embora mais concreta do que as anteriores, a qual Hegel chama de psicologia. No entanto, é essa categoria que opera a passagem ao espírito objetivo do qual Hegel trata de questões do direito, partindo de sua perspectiva abstrata até a sua realização efetiva pelo Estado. O espírito objetivo será desenvolvido de modo mais detalhado na *Filosofia do direito*. Por fim, para o espírito absoluto, Hegel reserva as considerações sobre a arte, a religião e a filosofia. Ele é absoluto no mesmo sentido que o saber é absoluto: é nesse aspecto que se pode chegar ao saber de uma unidade que contém em si uma identidade entre as partes, como

---

31. Cf. nota 3.

partes de um mesmo todo e, ao mesmo tempo, distintas umas das outras, embora não isoladas nem separadas.

Nas lições seguintes, vou explorar um pouco mais o espírito subjetivo e o objetivo, uma vez que podemos considerar que o absoluto já foi trabalhado anteriormente por meio da discussão da noção de filosofia. Para isso, apresentarei, de modo geral, duas figuras muito representativas da filosofia hegeliana e que influenciaram as discussões: a dialética do senhor e do escravo (Oitava lição) e a leitura de Hegel sobre a peça *Antígona* (Décima lição). Essas figuras também são momentos-chave na *Fenomenologia do espírito*, pois, apresentam respectivamente a passagem da consciência para a consciência de si e da consciência de si para o espírito. A discussão acerca da leitura de Hegel sobre a *Antígona*, no entanto, é precedida aqui por uma breve consideração sobre uma noção central para ela – e para a filosofia prática de Hegel –: a noção de eticidade (Nona lição).

Oitava lição

A dialética do senhor e do escravo

A dialética do senhor e do escravo é uma passagem da *Fenomenologia do espírito*[32] que influenciou e ainda influencia uma grande diversidade de pensadores, correntes e áreas do pensamento. Entre eles, podemos citar Karl Marx, Simone de Beauvoir, Jacques Lacan, Judith Butler, Frantz Fanon, o existencialismo, a psicanálise, a teoria crítica, os feminismos e assim por diante. Também é importante mencionar uma das interpretações mais influentes dessa passagem, que é também responsável pela introdução de Hegel à escola francesa: a de Alexandre Kojève (2007). Por isso, creio que

---

32. Como tal, também é retomada no terceiro volume da *Enciclopédia das ciências filosóficas*, *A filosofia do espírito*, especialmente no intervalo de parágrafos 430-435. Todavia, em virtude do caráter dessa obra, essa passagem é apresentada mais brevemente e de modo distinto de como aparece na *Fenomenologia do espírito*, com uma ênfase especial à noção de luta pelo reconhecimento.

é um momento central da filosofia hegeliana, e não podemos deixar de tecer alguns comentários, ainda que rápidos, sobre ela.

Embora conhecida por essa alcunha, não encontramos a passagem exatamente por esse nome na obra. Ela está localizada no capítulo IV, "A verdade da certeza de si mesmo", seção A, "Independência e dependência da consciência de si: Dominação e Escravidão". É precedida pelo capítulo III, "Força e entendimento; Fenômeno e mundo suprassensível", e seguida pela seção B, "Liberdade da consciência de si: Estoicismo, Ceticismo e a Consciência infeliz". Também é o primeiro momento da parte da *Fenomenologia do espírito* a que Hegel denominou de Consciência de Si.

De modo bastante geral, Hegel reserva nessa obra o termo certeza[33] para se referir à perspectiva da consciência, do sujeito que conhece; ao passo que para o termo verdade, Hegel se refere à perspectiva do objeto que é conhecido, da coisa em si mesma por assim dizer. Dessa forma, a consciência aprende algo por meio da experimentação das figuras que lhe aparecem e, assim, ela está certa. A certeza é um modo de

---

33. Do alemão, *Gewissheit*, cuja raiz é o verbo *wissen* (saber), ou seja, é algo sabido.

saber algo a respeito do objeto de investigação, é, portanto, uma verdade sobre ele. Todavia, ela não é toda a verdade. Ao surgirem novos elementos com relação ao objeto, a consciência se questiona a respeito daquilo que ela tomava por certo. Essa certeza se mostra então insuficiente perante esses novos elementos: não significa que ela estava errada ou equivocada sobre o que ela aprendeu, mas que ela não sabia tudo o que havia para saber quanto ao objeto. Assim, a certeza é somente uma verdade parcial ou abstrata. Falta a ela a visão do todo: a verdade. O objetivo da *Fenomenologia do espírito*, do saber absoluto, é precisamente unir a certeza da consciência, ou o que se sabe, à verdade da realidade, ou como as coisas são, ou seja, proporcionar uma perspectiva em que ambas, certeza e verdade, sejam a mesma coisa, sejam uma unidade.

Desse modo, a dialética do senhor e do escravo é um momento de transição da parte da consciência para a consciência de si, na *Fenomenologia do espírito*, o que significa, *grosso modo*, que a consciência passa de uma consideração e experimentação sobre os objetos relativos à realidade em torno dela (espaço, tempo, as coisas em geral como aparecem para ela na sua experiência, casas, árvores, o conjunto dessas coisas, a saber, o mundo) para uma consideração sobre si mesma, momento em que suas certezas são fortemente abaladas. É precisamente essa transição que Hegel discute nessa passagem, ou seja, como a consciência passa a se compreender enquanto consciência, ter consciência de si mesma, ou ainda, ser autoconsciente.

Hegel procura apresentar um argumento para descrever conceitualmente essa transição: a de tornar-se autoconsciente. Embora não o retome aqui na mesma riqueza de detalhes devido ao objetivo deste trabalho, espero oferecer uma visão geral de como esse processo se dá, bem como apontar para alguns conceitos-chave a seu respeito[34].

Em razão disso, a consciência estava ocupada até então com questões sobre um outro completamente distinto dela: alguns conceitos a respeito de como apreender e experimentar os objetos em geral. Desse modo, era ela quem determinava como se daria essa apreensão: ela determina como esses objetos são, uma vez que ela é o critério para conhecê-los – não há mais nada que se contraponha às suas posições, porque os objetos são coisas sem vida, inanimadas.

---

34. Esta e a Décima lição são versões reelaboradas de trechos da minha tese de doutorado defendida em 2018 sob o título de *O voo da coruja entre a luz e a sombra: acerca do saber absoluto e da possibilidade de uma nova figura do espírito*.

Até que surge um objeto diferente de todos os anteriores: uma outra consciência, exatamente como ela mesma, viva.

Assim como ela, essa outra consciência também experimenta o mundo da mesma forma: determinando a realidade por meio de seu próprio critério. É exatamente isso que ambas farão ao se encontrarem: tentarão determinar a outra como qualquer outro objeto que se apresentou anteriormente. O problema é que nenhuma delas é como qualquer outro objeto anterior, que não questionava como era determinado, apenas se encaixava sob determinações que lhes eram dadas. Agora, cada uma das consciências deseja[35] que seu ponto de vista, seu modo de determinar as coisas no mundo, seja o verdadeiro e, desse modo, deseja que o outro ponto de vista seja anulado em detrimento do seu. Dessa maneira, apresenta-se aqui um novo tipo de relação, não mais uma relação entre sujeito e objeto, mas apenas uma relação entre sujeitos. A natureza da relação se altera e, portanto, o modo de se relacionar com esse outro também precisa

---

35. Judith Butler se dedicou a investigar a noção de desejo nessa passagem e como ela influencia a filosofia e a psicanálise francesa do século XX em *Subjects of desire: hegelian reflections in twentieth-century France*, seu primeiro livro publicado em 2012, baseado na sua tese de doutorado.

se alterar. Entretanto, as consciências imediatamente resistirão a essa mudança e ainda insistirão em encarar o outro como encaravam o mundo no momento anterior: cada uma insiste em se relacionar com esse outro vivo como se ele fosse meramente um objeto, tentando impor sua visão de mundo sobre o outro.

Então, ao mesmo tempo muito parecidas, pois desejam o mesmo (que sua perspectiva prevaleça), colocam-se como extremamente diferentes (pois, cada perspectiva difere uma da outra). Esse é um dos sentidos da duplicação das consciências: uma identidade que é, ao mesmo tempo, diferença. É precisamente por intermédio da identidade que a diferença surge ou, dito de outro modo, é precisamente porque ambas desejam o mesmo, que elas acabam se diferenciando. Através desse ser para si da própria perspectiva, a consciência marca a outra como negativa, instituindo a independência de si mesma em relação à outra. Ao se colocarem como radicalmente diferentes, desejando, cada uma delas, que a sua própria certeza prevaleça, ocorre uma luta de vida e de morte: "enquanto agir do *outro*, cada um tende, pois, à morte do outro. Mas aí está também presente o segundo agir, *o agir por meio de si mesmo*, pois aquele agir do outro inclui o arriscar da própria vida" (Hegel, 2003, p. 145, grifo do autor).

Podemos dizer que, na perspectiva epistemológica apresentada, toda a questão se dá em torno de uma tentativa de imposição de pontos de vista que culminam em uma luta na qual se arrisca a própria vida. Em outras palavras, cada consciência defende suas ideias a ponto de estar disposta a morrer por elas. É uma disputa por visões distintas – talvez contemporaneamente possamos fazer um paralelo e dizer que é uma disputa por narrativas distintas, que culminam em um risco de morte. Todavia, é preciso compreender que encarar a morte envolve um afeto: o medo de perder a vida. Esse enfrentamento não é temerário ou imprudente, uma vez que cada consciência valoriza a própria vida e tem um medo profundo de perdê-la. Mas, mesmo assim, ela enfrenta a disputa visando à vitória, porque há algo a mais em jogo, ou seja, cada consciência não quer ser relegada à posição de um objeto, de uma coisa, de algo, portanto, meramente determinado por outro, sem vida, sem voz. Cada uma delas é um sujeito, e é assim que querem ser reconhecidas.

Dessa forma, em última instância, não pode haver morte. Apesar de arriscar a vida e tender à morte do outro, é preciso que ambas sobrevivam a essa luta. Isso porque, a noção de consciência de si não é relativa apenas a ela mesma, mas perpassa necessariamente por essa alteridade. Só é possível, para Hegel, reconhecer-se como consciente de si mesmo, se também um outro participa do processo. É quando a consciência enfrenta uma resistência às suas perspectivas, que ela percebe quem é ela no mundo – não apenas alguém que determina tudo pura e simplesmente, mas alguém que também está sujeito a determinações de uma alteridade – e isso só pode acontecer se há uma alteridade viva no processo, uma outra consciência que resiste e que lute com ela. É através da alteridade – um idêntico que é, ao mesmo tempo, diferente – que o reconhecimento de si mesma enquanto autoconsciência, sujeito, se sustenta[36]. Por isso, as consciências, anteriormente postas como independentes, passam a depender da outra para que o processo de reconhecimento de si mesmas ocorra. Dito de outra maneira: é preciso o outro para que surja a verdade de quem se é, para que o ser da consciência se dê em um estágio mais amplo e complexo, mais concreto e, portanto, conforme vimos na Terceira lição, mais verdadeiro.

---

36. O reconhecimento é uma das noções centrais dessa passagem – e, por que não, da filosofia hegeliana como um todo – e é tema de diversas discussões posteriores a Hegel. Um exemplo contemporâneo que discute sobre isso está presente na filosofia de Axel Honneth (2009).

Como Hegel desenvolverá mais tarde no capítulo V, "Certeza e Verdade da Razão", especialmente na subseção c, "A razão examinando as leis", um reconhecimento pleno implicaria o reconhecimento mútuo de ambas as consciências como consciências de si, isto é, como tendo direitos[37]. No entanto, nessa dialética do senhor e do escravo, o reconhecimento é "unilateral e desigual" (Hegel, 2003, p. 148): embora ambas as consciências sobrevivam à luta de vida e de morte, uma consciência vence e a outra perde. Àquela Hegel chama de senhor, e a esta, de escravo.

Esses dois termos têm, pelo menos, duas interpretações interessantes. A primeira é que a definição de quem é senhor e de quem é escravo é dada pela noção de medo. Aquela consciência que vence a luta e se torna senhor (*Herr*) é aquela que encarou o medo profundo de perder sua vida por algo que julgou ter valor maior – o reconhecimento de ser sujeito. Ela enfrentou o medo de perder algo valioso por desejar algo mais valioso ainda, superando o

---

[37]. É precisamente por meio desse tipo de reconhecimento que surge o Estado e é essa a passagem para a parte do espírito na *Fenomenologia do espírito*, o primeiro momento em que a história se torna parte constitutiva das figuras apresentadas, e o primeiro Estado desse momento seria, para Hegel, o da eticidade grega antiga.

medo e tornando senhora de si mesma. Não foi o medo que a venceu, mas ela quem venceu o medo e, por isso, torna-se senhora. *Herrschaft* é o termo em alemão para dominação e ele serve também, em um primeiro momento, para compreendermos a dominação da consciência sobre si, sobre seus medos e sobre o enfrentamento deles para que suas perspectivas tenham lugar no mundo (um mundo que agora não é só feito de coisas e conceitos abstratos, mas de outras consciências). Por outro lado, a consciência que perde a luta é precisamente aquela que sucumbiu ao medo, que optou por colocar a sua vida em primeiro lugar, por desejar primeiro sua própria vida e não suas ideias, sua visão de mundo; que aceitou ser relegada à posição de objeto, de coisa, em vez de se arriscar. Assim, ela é escrava de seus desejos, de seus afetos, especialmente de seu medo.

O termo em alemão para essa consciência é *Knecht*, que não é exatamente escravo (*Sklave*), embora essa tradução não esteja errada, mas servo ou um criado talvez seja mais adequado ao contexto. Aqui, vou simplesmente seguir a tradução da *Fenomenologia do espírito*, por Paulo Meneses, que traduz *Knecht* por escravo e *Knechtschaft* por escravidão, também porque julgo que é um jogo de palavras interessante a essa primeira interpretação que apresento, a de ser um escravo de seus desejos ou escravo do medo. No entanto, gostaria de chamar atenção para as outras interpretações possíveis por intermédio dessa outra tradução de *Knecht* e apontar que ela também pode ser problemática, porque pode gerar um tipo de relação entre as consciências que não é exatamente a que Hegel visa aqui.

A relação de escravidão implica que o senhor seja dono do escravo, que o escravo é sua propriedade, o que não necessariamente está envolvido na relação que Hegel apresenta, embora a consciência que perdeu a luta seja relegada a essa posição de objeto, de coisa. No entanto, ela segue sendo o que ela verdadeiramente é: uma consciência e, portanto, um sujeito – ela só está posta como objeto nessa relação. Dominação e escravidão ou servidão é uma relação, e a posição que ocupa cada consciência é definida por esta dinâmica, seja consigo mesma, seja com a outra. Esse é um segundo sentido de duplicação das consciências, cada uma delas não lida apenas com uma outra consciência, mas consigo mesma, duplica-se internamente e precisa se enfrentar, enfrentar seus próprios medos. Então, nessa primeira interpretação da dialética do senhor e do escravo, a consciência que perde a luta de vida e morte se deixa vencer não apenas pelo outro, mas pelo seu próprio medo: ela perde para ela mesma, sendo escrava de seus medos.

Porém, em uma segunda interpretação, na relação com a outra consciência, podemos ampliar um pouco mais o escopo e perceber que há uma relação de poder envolvida e que está presente no termo *Herrschaft*, ou no verbo *herrschen*, dominar, reger, reinar, prevalecer (Kervégan, 2008). A relação de dominação e de servidão é, então, numa interpretação mais complexa e concreta, uma relação de poder de uma consciência sobre a outra, dada através da disputa de perspectivas – que não se restringe a uma disputa conceitual por meio de um debate, mas através de uma luta que envolve arriscar a vida –, nas quais uma perspectiva é imposta sobre a outra, mediadas pelo profundo medo de morrer. É importante salientar que nesse momento da *Fenomenologia do espírito*, ainda estamos em uma perspectiva de figuras abstratas, isto é, ainda tomadas isoladamente da história e da cultura e que, portanto, a dialética do senhor e do escravo explicita uma lógica ou uma estrutura conceitual de um tipo de relação da consciência com outra consciência, desconsiderando cenários éticos específicos. Porém, o uso terminológico pelo qual Hegel opta certamente aponta para uma possibilidade de expansão dessa estrutura em outros contextos, como em contextos políticos, ainda que esse não seja o objetivo nesse momento da obra.

O que ocorre a partir de então é a explicitação de que o senhor, que venceu a luta, dominou a si mesmo e ao outro; torna-se, ao mesmo tempo, e precisamente por isso, dependente do trabalho da consciência escrava. A relação de dominação, segundo Hegel, torna-se o inverso do que ela pretendia ser. Ao tentar afirmar sua independência, o senhor, enquanto tal, torna-se dependente, já que ele depende agora do trabalho do escravo. Por sua vez, o escravo, que havia perdido a luta e, por isso, aparecia como submisso, dependente do senhor, mostra-se, no processo, como independente, justamente porque é ele que passa a sustentar a relação de dominação como tal. É por meio do trabalho do escravo que o senhor subsiste na posição de senhor. E é, para Hegel, também através do trabalho, que o escravo percebe a relação como ela é em sua verdade: "o trabalho *forma*" (Hegel, 2003, p. 150, grifo do autor) a consciência em direção à autoconsciência de que é ela que sustenta a relação.

Hegel não diz isso explicitamente – quem faz isso é Marx[38] – mas possibilita interpretações de que, uma vez que a consciência escrava não se submeta mais ao poder da consciência senhora, a relação pode mudar, já que a insubmissão retomaria precisamente o momento anterior, o da luta de vida e morte. Porém, conforme Hegel aponta, a saída para o reconhecimento pleno não é uma mera inversão de posições, mas sim um reconhecimento – pela razão – de ambas as consciências de si como tais com relação a si mesmas e a outra. Em outras palavras, a saída é o reconhecimento de direitos de ambas as consciências, uma para com a outra em um duplo movimento. Essa é, de modo bastante geral, a gênese lógica da noção de eticidade: o reconhecimento concreto do direito através de costumes institucionalizados, ou seja, de leis.

---

38. Marx também discorda de Hegel quanto ao papel do trabalho. Para Hegel, o trabalho educa, forma a consciência, ou seja, é por meio dele que a consciência escrava se torna autoconsciência independente; Marx, por sua vez, defende que, na sociedade capitalista, numa linha de produção, o trabalho aliena, uma vez que ele é extremamente fragmentado, fazendo com que o trabalhador participe apenas de parte do processo, não tendo acesso ao produto final e ao seu valor. Se compreendermos que Hegel pensa no trabalho como o trabalho de um servo ou de um criado – um trabalhador que acompanha todo o processo – vemos que a crítica de Marx é bastante específica a um tipo de trabalho que só surgirá com mais força na consolidação do sistema capitalista, o que começa a acontecer na época de Hegel, mas só se desenvolve com mais força alguns anos depois. Para aprofundar esse debate, cf. Marx (2004) e Schäfer (2012).

Nona lição

A noção de eticidade

A *Filosofia do direito* é uma obra de 1820, embora o registro na folha de rosto original seja de 1821. Ela é um desenvolvimento mais sistematizado de algumas noções que já estavam presentes ainda de modo mais breve na segunda seção do terceiro volume – *A filosofia do espírito* – da *Enciclopédia das ciências filosóficas*, a saber, o espírito objetivo, conforme mencionado na Sétima lição. A obra é, portanto, um manual mais detalhado acerca desses temas. Concebida também como um manual para suas aulas sobre o tema em Berlim, o objeto da obra, conforme o autor expõe, é "a *ideia do direito*", ou seja, "o conceito do direito e a sua efetivação" (Hegel, 2022, p. 149, grifos do autor). Uma vez que "a ideia do direito é a liberdade" (Hegel, 2022, p. 152), podemos dizer que o principal objetivo dessa obra é compreender como a liberdade se concretiza no mundo, quais são as condições de possibilidade dessa realização efetiva.

Porém, o foco do autor é o seu próprio tempo presente, não a discussão de como a liberdade deve se efetivar no mundo, mas como ela efetivamente se realiza, dadas as condições presentes (cf. Hegel, 2022, pp. 142-145). Nesse sentido, o propósito da obra é apresentar como o direito se efetiva no Estado moderno. Isso também significa que ela se propõe a investigar em que medida o Estado moderno é racional, isto é, como ele contém o *logos* que mencionamos nas noções anteriores. Em outras palavras, não é qualquer Estado que se encontre na realidade empírica simples que é racional, mas que a razão, ou *logos*, pode ser reconhecida de algum modo na configuração de Estado moderno que Hegel apresenta. É desse modo que se pode compreender a célebre discussão acerca da passagem hegeliana do prefácio da obra que diz: "*o que é racional, isso é efetivo; e o que é efetivo, isso é racional*" (Hegel, 2022, p. 138, grifo do autor)[39].

---

39. No original: "*Was vernünftig ist, das ist wirklich; und was wirklich ist, das ist vernünftig*". A discussão das mais diversas interpretações se dava em torno do sentido de *wirklich*, que pode ser traduzido tanto como real, como efetivo. Ao traduzir por real e interpretar a proposição nesse sentido, pode-se compreender que Hegel estaria legitimando toda e qualquer realidade como racional. Já pensando a partir de efetivo, compreende-se que Hegel aponta para um termo técnico de sua filosofia aqui, a efetividade ou *Wirklichkeit*, que é uma forma de realidade mais intrincada, permeada de articulações lógicas

Assim, Hegel procura reconhecer no seu próprio tempo como a liberdade se efetiva no mundo, isto é, através de instituições, das quais o Estado é a mais bem desenvolvida.

Hegel vê o Estado aqui como o resultado lógico de um desenvolvimento de outras instituições e esferas do direito, ou seja, como um processo. Uma vez que ele apresenta uma filosofia do direito, essas outras instâncias devem ser, portanto, elucidadas em suas configurações racionais e seus encadeamentos e articulações lógicas. Dessa maneira, o direito se desenvolve em três momentos: direito abstrato, moralidade e eticidade. No primeiro momento, o mais imediato e, portanto, abstrato, Hegel apresenta o direito na forma da personalidade, que é seu princípio fundamental, e os princípios e noções do direito privado e do direito penal moderno, mas considerando-os independentemente de sua

---

e, portanto, mais complexa do que a realidade meramente empírica. As distinções acerca desses níveis de aprofundamento sobre o real podem ser debatidas a partir da diferença entre *Realität* e *Wirklichkeit* na *Ciência da lógica*, em que a primeira, apresenta uma noção presente na *Doutrina do ser*; ao passo que a segunda se encontra na *Doutrina da essência*. Assim, a meu ver, Hegel defenderia que o que é racional é apenas esse sentido mais profundo de realidade, a efetividade, na qual está contida uma série de determinações lógicas e que é, por elas, mediada, e não toda e qualquer realidade pura e simplesmente. Esse debate pode ser encontrado em Kervégan (2019).

aplicação jurídica (Müller, 2005, 2006). No segundo momento, é apresentada a noção de bem e de como ela aparece ainda como uma liberdade formal, porque se coloca até então como expressão de uma vontade subjetiva frente ao direito do mundo ou o universal, isto é, ainda encerrada em si mesma sem relação com a objetividade (Weber, 1995)[40]. Somente no terceiro momento é que a ideia de liberdade pode se efetivar plenamente, e isso ocorre porque é aqui que ela é socialmente mediada. A dimensão ética, ou a eticidade, é precisamente o momento no qual as vontades individuais são superadas enquanto meras subjetividades, passando a fazer parte de um todo, da universalidade.

Eticidade é uma tradução do termo alemão *Sittlichkeit*, que deriva de *Sitte*, ou seja, de costume, tradição ou hábito. É através desses costumes e tradições que um povo se organiza, de modo

---

40. Hegel tem em mente aqui a teoria da moralidade kantiana e, portanto, faz uma das mais conhecidas críticas, a saber, a do formalismo moral. Em linhas muito gerais, a diferença entre moral e ética é, para Hegel, que a moral permanece formal, sem conteúdo, encerrada na subjetividade e, portanto, separada da objetividade. A ética, por sua vez, precisamente considera o conteúdo das ações e leis morais em relação a essa objetividade, isto é, media as vontades subjetivas (e o que elas consideram como o Bem) com a totalidade, com a universalidade, reconhecendo direitos e determinando deveres, na forma de leis institucionalizadas.

que seus indivíduos possam exercer seus direitos, que o bem pode se tornar concreto e não permanecer na esfera meramente subjetiva. Para Hegel, é na eticidade, no contexto do conjunto desses costumes, tradições e leis, que os indivíduos podem ser livres. No entanto, o bem só pode se tornar concreto, para o autor, quando há instituições que assegurem o direito de seus cidadãos – ou seja, quando há, precisamente, o reconhecimento de que os indivíduos nessa organização são cidadãos. Eticidade é, então, o sistema de costumes de um povo, de uma época, institucionalizados, conferindo, assim, as condições de possibilidade para o exercício da liberdade de seus indivíduos.

Essas instituições são, na Modernidade que Hegel apresenta: a família, a sociedade civil-burguesa e o Estado. Essas três noções mais gerais são também as três seções da eticidade na *Filosofia do direito*. É através delas que o indivíduo moderno, enquanto membro (*Mitglied*) dessa eticidade, pode exercer seus direitos (e deveres) e, portanto, ser livre, ainda que o contexto possa limitar algumas ações possíveis.

Nesse sentido, Hegel compreende como éticas as configurações nas quais as instituições, embora possibilitem o exercício da liberdade para alguns, não reconheçam os mesmos direitos para todos os seus membros, ou ainda, que haja configurações cujas instituições não correspondam exatamente às que Hegel apresenta na Modernidade. Um exemplo disso é a eticidade grega antiga apresentada na *Fenomenologia do espírito*. Nela, os homens gregos são reconhecidos como cidadãos, mas os homens estrangeiros ou as mulheres, não. Todavia, vale ressaltar que ainda não havia surgido o momento da sociedade civil-burguesa, fruto da Modernidade, sendo as instituições centrais, no caso grego, a família e a cidade-estado ou pólis. Nessa mesma eticidade, há ainda ao menos um elemento que contraria essa ideia de liberdade, que é a escravidão. Mesmo assim, tudo isso, nesse contexto histórico, não seria suficiente para não compreender essa configuração social como ética, porque há nela instituições e leis que visam assegurar o direito e a liberdade de seus cidadãos, ainda que nem todos os membros sejam considerados cidadãos. É esse elemento que confere eticidade a uma configuração social: as instituições e o reconhecimento da cidadania de seus membros. Mas, isso não é um dado imediato, já que direitos são conquistados e que isso só pode ocorrer ao longo do tempo, da história. Por isso, em diversos momentos da *Filosofia do direito*, Hegel compara o direito moderno com outros momentos históricos anteriores, a fim de mostrar que as instituições modernas ampliaram as condições de possibilidade da efetivação da liberdade com relação aos estágios anteriores[41].

Como mencionei acima, a família e o Estado não são exatamente instituições novas na época de Hegel, embora suas configurações pudessem ter ganho novos contornos. No entanto, uma categoria ética completamente nova surge na Modernidade: a sociedade civil-burguesa (*bürgerliche Gesellschaft*). Hegel compreende esse momento como um momento de mediação entre a família e o Estado, ou seja, entre o momento comunitário mais imediato e natural e o momento mais mediado e espiritual.

Nesse sentido, podemos compreender a organização lógica das categorias éticas hegelianas como um silogismo: uma organização entre o singular, o particular e o universal, na qual

---

41. Um exemplo são algumas comparações que Hegel explicita com relação ao casamento, nos Adendos aos parágrafos 161 e 162 da *Filosofia do direito*. Apesar da definição de casamento hegeliana parecer, pelo menos hoje, bastante conservadora, podemos considerá-la progressista para a sua época, precisamente porque mostra uma série de reconhecimentos de direitos, sobretudo, para a mulher, como poder escolher com quem se casar e se casar por amor. Em tempos anteriores ou povos distintos, o casamento, conforme aponta Hegel, desconsiderava qualquer vontade subjetiva feminina, o que é um problema para qualquer discussão sobre a liberdade de uma eticidade.

a família ocupa o primeiro lugar; a sociedade civil-burguesa, o segundo; e o Estado, o terceiro. A família ou a singularidade teriam por princípio a identidade – a identificação imediata e natural dos membros dessa comunidade uns com os outros. A particularidade, aqui, como mediação, teria a diferenciação de seus membros como seu princípio. Já o Estado ou a universalidade pode ser compreendido como a esfera da totalidade, na qual a identidade e a diferença são negadas enquanto opostas, e reunidas em uma nova unidade. Desse modo, é importante frisar aqui que a universalidade ou totalidade que Hegel apresenta não se propõe a conferir ao Estado um caráter totalitário, anulando ou apagando as diferenças dos seus membros e massificando-os[42]. O Estado aqui pretende manter as diferenças das individualidades existentes

---

42. Ao contrário do que defende Karl Popper, em *A sociedade aberta e seus inimigos. Segundo volume: Hegel e Marx*, no qual o autor critica Hegel por supostamente colocar a pólis, ou o Estado, acima dos indivíduos, o que configuraria uma tese proto-totalitária. A tese hegeliana aqui é que o Estado é o momento mais bem desenvolvido da configuração social, é um todo; porém, ele o é por meio das ações de seus indivíduos, por meio deles, sem dissolver suas individualidades nesse processo, mas justamente mantendo-as como partes desse todo. Ser cidadão perpassa a ideia de se reconhecer como parte dessa totalidade, e não por uma mera submissão cega a ela ou um senso de dever puro e simples.

dentro dele, mas sem isolá-las ou separá-las do conjunto universal. Pelo contrário, o modelo a que Hegel visa de uma eticidade, que culmina na noção de Estado, é um esforço contrário a uma fragmentação social, reunindo em si identidades e diferenças em uma unidade.

Essa ênfase lógica em uma unidade da qual as diferentes individualidades fazem parte é uma tentativa de retomar um conceito mais antigo de Estado, atribuindo uma configuração moderna a ele. Para Hegel, a Modernidade produziu um conceito problemático de individualidade, que poderia vir a cair em um individualismo e culminar nessa fragmentação social, na qual os indivíduos não se reconhecessem nas comunidades às quais pertencessem. Ao olhar para a pólis, a cidade-estado antiga, Hegel busca retomar e, de certo modo, revalorizar a universalidade que esse modelo expressa. Para o autor, esse é o Estado pelo qual o espírito começa ou, em outras palavras, pelo qual o espírito efetivamente aparece no mundo pela primeira vez. Todavia, a figura que imprime movimento a esse espírito é a figura de uma mulher: Antígona.

Décima lição

A interpretação hegeliana de Antígona

Ao longo de sua obra, Hegel não poupa elogios à peça *Antígona*, de Sófocles. Em pelo menos dois momentos, ele a define como a mais sublime ou mais bela representação da oposição entre família e Estado, entre feminino e masculino (cf. Hegel, 2022, p. 422; Hegel, 2004, p. 253). Há uma diversidade de comentários quanto à leitura hegeliana da peça, com muitas influências sobre diversas áreas para além da filosofia, tais quais a psicanálise e o pensamento feminista, por exemplo, em Lacan (1988) e Butler (2000). Por ter tamanho destaque e influência, gostaria de dedicar algumas páginas aqui à interpretação da *Antígona* de Hegel. Por se tratar de uma introdução, meu foco será a *Fenomenologia do espírito*. Desse modo, apresentarei essa leitura como uma figura do espírito, precisamente aquela que imprime a ele movimento.

Podemos compreender que a *Fenomenologia do espírito*, conforme vimos anteriormente[43], apresenta o caminho da consciência em direção à sua própria autoconsciência e ao saber absoluto; o caminho do espírito em direção ao saber de si mesmo enquanto tal, sua própria autoconsciência; e do próprio saber em direção ao saber de si mesmo como absoluto. Um dos momentos desse caminho é a passagem da consciência de si ao espírito, ou seja, quando o direito passa a ser institucionalizado historicamente através das leis do Estado, passando a se reconhecer como tal. Na *Fenomenologia do espírito*, essa também é uma passagem para uma eticidade, mas, diferentemente da *Filosofia do direito*, essa eticidade não é a moderna, e sim a antiga. A eticidade antiga que Hegel apresenta aqui, então, é, para o autor, a primeira instância na história que é consciente de suas leis e instituições como tais que são capazes de efetivar a liberdade no mundo[44]. A essa eticidade, Hegel chamará de verdadeira.

---

43. Sétima lição.

44. Retomo aqui a discussão da Quarta lição: o argumento hegeliano aqui é o da demonstração de como a filosofia, compreendida como o pensamento filosófico ocidental europeu, torna-se um saber efetivo. Conforme mencionei na lição referida, a leitura de Hegel tanto do desenvolvimento histórico

Os indivíduos fazem parte e se reconhecem nessa eticidade, nessa totalidade, compartilhando seus costumes e suas instituições, formando uma comunidade ética. Nesse momento inicial, portanto, as leis dessa comunidade estão em harmonia com seus costumes e com seus cidadãos, tanto reconhecendo seus cidadãos como membros dessa eticidade quanto sendo internalizadas por eles, que, por sua vez, reproduzem-nas. Todavia, essa aparência harmônica é rompida por um conflito: uma contradição é apontada nessa lógica e esse estado de coisas já não pode mais permanecer como está. Antígona, uma figura feminina, é quem aponta para essa contradição[45].

A peça, que leva o nome da protagonista (Sófocles, 2006), inicia com um conflito entre os filhos de Édipo, Polinices e Etéocles. Herdeiros naturais de Tebas, os irmãos fazem um acordo de revezamento do trono, porém entram em disputa quando Etéocles, ao fim de seu reinado, recusa-se a passar a coroa a Polinices, que se revolta com a atitude do irmão. Ambos

---

quanto do que é filosofia, é passível de críticas, mas é preciso compreender o porquê da argumentação hegeliana.

45. Hegel frequentemente usa a literatura para pensar momentos históricos, como aponta, por exemplo, Speight (2001).

acabam se matando no duelo (um ao outro e a si mesmos, já indicando o tom da peça: o da ambiguidade). Com isso, Creonte, irmão de Jocasta e tio dos príncipes, assume o trono como regente. Seu primeiro decreto, como legislador da pólis diz respeito ao sepultamento dos irmãos. A Etéocles, que reinava Tebas até então, Creonte determinou que fosse dedicado todos os devidos ritos fúnebres; a Polinices, que estava fora da cidade e havia retornado para assumir o trono, determinou que fosse tratado como traidor e, portanto, sem direito a qualquer ritual. Quem desobedecesse a essas ordens, seria submetido à pena de morte. Antígona, irmã de ambos, considera o decreto arbitrário e se propõe, assim, a enterrar Polinices. Ela crê que o irmão, como todo ser humano, também tem direito a um sepultamento, conforme a lei divina. Com isso, Antígona se coloca diretamente contra Creonte, preferindo a morte e a desobediência civil à desobediência divina. A peça gira em torno do conflito entre Antígona e Creonte até a morte da protagonista, a heroína trágica. Essa morte acarreta outras tragédias, como o suicídio do filho de Creonte, Hêmon, que estava apaixonado pela princesa; e de Eurídice, esposa do rei regente, pela dor da morte do filho.

A leitura de Hegel insiste na oposição entre família e Estado, entre lei divina e lei humana, e entre a lei da mulher e a lei do homem. Creonte seria, assim, o representante do Estado, ou da pólis; Antígona, por sua vez, a da família e da religião. Através de uma leitura da peça, Hegel desenvolve também uma leitura filosófica da própria eticidade grega, que iniciaria numa aparente harmonia entre esses lados, mas enfrentaria uma ruptura a partir do momento em que Antígona desobedece a Creonte. Antígona enxergaria nessa eticidade o problema da ilegitimidade, que impediria aquela harmonia entre o público e o privado, excluindo e isolando membros do Estado, o qual deveria proporcionar para eles uma unidade.

Hegel enfatiza o caráter trágico desse momento na sua interpretação da peça como figura do espírito. A insistência na oposição dos termos do conflito não é gratuita: ela aponta para essa suposta harmonia, mas que se mostra como ilegítima pela impossibilidade de uma verdadeira reconciliação entre universalidade e singularidade. As personagens principais, para o autor, aderem às suas próprias perspectivas do conflito, à sua própria versão da lei e são, nelas, irredutíveis. Mas é à Antígona que Hegel atribui a culpa: ela é quem desobedece a lei – a lei do Estado: "os mandamentos do governo são, com efeito, o sentido público universal, exposto à luz do dia" (Hegel, 2003, pp. 321-322). Ainda que se proponha a obedecer à lei divina, essa não é, aqui, o direito na forma da lei institucionalizada, porque é "o sentido subterrâneo, enclausurado no interior [...] e que, em contradição com a primeira, lei, é o delito" (Hegel, 2003, p. 322). É Antígona, para o filósofo, quem provoca a dissolução dessa figura do espírito.

Por outro lado, é a ação de uma mulher que inicia e impulsiona todo o desenvolvimento do direito institucionalizado até a modernidade hegeliana. Também é sua ação que impulsiona o espírito ao saber sobre si mesmo enquanto institucionalizado ao longo da história até o saber absoluto de Hegel. Ao mesmo tempo que é a desobediência de Antígona frente à lei humana que acarreta a dissolução dessa eticidade, é isso que leva ao engendramento de novas figuras, e de todas as figuras seguintes, como defendi mais detalhadamente em outro lugar (Miranda, 2022).

Nesse sentido, *Antígona*, de Sófocles, tem uma grande influência para a filosofia de Hegel. Mas, a meu ver, a interpretação de Hegel permanece presa à oposição que a peça supostamente apresenta como conflito, sem aprofundar camadas igualmente interessantes que a peça oferece. A partir dessa leitura, Hegel isola a mulher apenas ao âmbito familiar, enquanto proporciona ao homem um livre-trânsito para o âmbito público. Isso ocorre também na *Filosofia do direito*, quando trata dos papéis sociais dos homens e das mulheres na Modernidade, fazendo referência explícita à obra (Hegel, 2022, pp. 421-422). Com isso, parece-me que Hegel não se atenta para um fator fundamental da obra que ele analisa: a ambiguidade.

Se considerarmos mais detidamente a obra de Sófocles, veremos que, por um lado, Creonte, enquanto está sim preocupado com as coisas públicas da pólis, ocupa-se igualmente com sua própria família, quando desaprova o casamento entre seu filho e Antígona. Para Creonte, esse não é um casamento qualquer, mas sim de seu filho com uma mulher que carrega, para a sociedade grega da época, uma maldição ou um miasma: a de ser filha de um incesto entre a irmã de Creonte, Jocasta, e o sobrinho do regente, Édipo. Por outro lado, Antígona não é uma mulher qualquer, e é muito mais do que um miasma, ela é a princesa de Tebas e, como tal, tem muitos direitos que lhe estão sendo negados. A peça sugere que Creonte teria dado uma espécie de golpe ao assumir o trono e, através de seu decreto sobre o sepultamento dos irmãos, manteria afastada a herdeira legítima do trono. Desse modo, ao tentar enterrar o irmão, Antígona não estaria apenas zelando pelo direito dele e pelas leis divinas, nem agindo por motivos privados, mas visaria também às leis da pólis, às coisas públicas. Essa leitura mais aprofundada, considerando as ambiguidades da peça, é oferecida por Kathrin Rosenfield (2016).

Essa interpretação poderia ser ainda mais rica lida à luz dos conceitos hegelianos, mas Hegel não toma esse caminho, enxergando a peça como a representação mais bela ou sublime de uma oposição trágica, e não de uma ambiguidade trágica. De qualquer modo, a tragédia e a leitura que Hegel faz dela é fundamental para o desenvolvimento de uma série de temas da sua filosofia, como o amor, a culpa, a piedade, a morte e o saber, além da família e do Estado, da relação entre o sagrado e político, da universalidade e da singularidade. Igualmente, a discussão sobre a interpretação hegeliana da peça gerou e ainda gera os mais diversos debates nas mais diferentes áreas do saber, como muitos de seus conceitos e discussões apresentados por Hegel.

Conclusão

Conforme expus anteriormente, o objetivo geral deste livro era oferecer ao leitor uma visão ampla de conceitos e articulações fundamentais da filosofia madura de Hegel. Com isso, o leitor pode romper com a ideia, bastante difundida, de que a filosofia hegeliana é muito difícil de ser compreendida, obscura e inacessível. Ela é, como procurei apresentar, muito complexa; um objeto no qual é preciso demorar-se, ter paciência e um certo espírito de aventura, a fim de adentrar os diversos caminhos pelos quais ela se desenvolve. Não há espaço para saberes imediatos, ligeiros ou consumíveis nas teorias de Hegel. Mas, certamente, para aqueles que se dispuserem a percorrer suas trilhas, essa é uma filosofia repleta de frutos e extremamente rica, ainda que, em algumas lavouras, seja preciso separar o joio do trigo.

Espero que o leitor tenha conseguido, assim, alcançar seu próprio objetivo, seja o de obter uma visão geral da filosofia hegeliana, seja o de ter uma base teórica para poder aprofundá-la ainda mais. Para aqueles que desejarem proceder investigando o pensamento hegeliano, ofereço a seguir uma lista de referências de obras de Hegel, sobre Hegel e temas afins, como a filosofia clássica alemã em geral, suas repercussões, críticas, apropriações e leituras contemporâneas.

Referências

ALLISON, H. *Kant's transcendental idealism*: an interpretation and defense. New Haven: Yale University Press, 2004.

ANGIONI, L. *Lógica e ciência em Aristóteles*. Campinas: Phi, 2014.

AURAS, N. O feminino na figura da irmã: Christiane Hegel e Antígona. *Antítesis – Revista Iberoamericana de Estudios Hegelianos*, Madri, n. 3, pp. 49-66, 2022.

BAILLIE, J. B. *The origin and significance of Hegel's logic*: a general introduction to Hegel's system. Nova York: Batoche, 2001.

BECKENKAMP, J. *O jovem Hegel*: formação de um sistema pós-kantiano. São Paulo: Loyola, 2009.

BECKENKAMP, J. O mais antigo programa de sistema do idealismo alemão. *Veritas*, Porto Alegre, v. 48, n. 2, 2003, pp. 211-237.

BEISER, F. *German idealism – the struggle against subjectivism, 1781-1801*. Cambridge: Harvard University Press, 2008.

BONACCINI, J. A. *Kant e o problema da coisa em si no idealismo alemão*: sua atualidade e relevância para a compreensão do problema da filosofia. Rio de Janeiro: Relume-Dumará; Natal: Editora da UFRN, 2003.

BORGES, M. L. *A atualidade de Hegel*. Florianópolis: Editora da UFSC, 2009.

BUTLER, J. *Antigone's claim*: kinship between life and death. Nova York: Columbia University Press, 2000.

BUTLER, J. *Subjects of desire*: Hegelian reflections in twentieth-century France. Nova York: Columbia University Press, 2012.

CECCHINATO, G. "Uma paisagem sem limites através do buraco da fechadura". A filosofia de Fichte, Jacobi e Schelling através das cartas de Caroline Bhöme-Schlegel-Schelling. *Revista de Estud(i)os sobre Fichte*, [*s. l.*], v. 20, 2020, pp. 1-14.

DEVRIES, W. A. Hegel and Sellars on the unity of things. *International Journal of Philosophical Studies*, Abingdon, v. 27, n. 3, pp. 363-378, 2019.

DUDLEY, W. *Idealismo alemão*. Petrópolis: Vozes, 2013.

DUDLEY, W. *Hegel and history*. Albany: The State University of New York Press, 2009.

GIL, F. (org.). *Recepção da Crítica da razão pura*: antologia de escritos sobre Kant (1786-1844). Lisboa: Calouste Gulbenkian, 1992.

GILSON, E. *A filosofia na Idade Média*. São Paulo: Martins Fontes, 1995.

GILSON, E. *O espírito da filosofia medieval*. São Paulo: Martins Fontes, 2006.

GIUSPOLI, P. Realismo e antirrealismo em Hegel. *Revista Eletrônica Estudos Hegelianos*, [s. l.], v. 12, n. 19, pp. 154-176, 2015.

GONÇALVES, M. *Filosofia da natureza*. Rio de Janeiro: Jorge Zahar, 2006. Coleção Filosofia Passo-a-Passo. v. 67.

GONÇALVES, M. A crítica às ciências mecanicistas na física especulativa de Hegel. *In*: UTZ, K.; SOARES, M. C. (orgs.). *A noiva do espírito*: natureza em Hegel. Porto Alegre: EDIPUCRS, 2010. pp. 84-95.

HARTMANN, N. *A filosofia do idealismo alemão*. Lisboa: Calouste Gulbenkian, 1976.

HEGEL, G. W. F. *Cursos de estética*. Vol. IV. São Paulo: Editora da Universidade de São Paulo, 2004.

HEGEL, G. W. F. *Diferença entre os sistemas filosóficos de Fichte e de Schelling*. Trad. de Carlos Morujão. Lisboa: Imprensa Nacional-Casa da Moeda, 2003.

HEGEL, G. W. F. *Enciclopédia das ciências filosóficas em compêndio* (1830). Volume I, A ciência da lógica. São Paulo: Loyola, 1995.

HEGEL, G. W. F. *Enciclopédia das ciências filosóficas em compêndio* (1830). Volume II, A filosofia da natureza. São Paulo: Loyola, 1997.

HEGEL, G. W. F. *Enciclopédia das ciências filosóficas em compêndio* (1830). Volume III, A filosofia do espírito. São Paulo: Loyola, 1995.

HEGEL, G. W. F. *Fé e saber*. São Paulo: Hedra, 2007.

HEGEL, G. W. F. *Fenomenologia do espírito*. Petrópolis: Vozes, 2003.

HEGEL, G. W. F. *Linhas fundamentais da filosofia do direito: direito natural e ciência do estado no seu traçado fundamental*. Trad. de Marcos Lutz Müller. São Paulo: Editora 34, 2022.

HEGEL, G. W. F. *Sobre as maneiras científicas de tratar o direito natural*: seu lugar na filosofia prática e sua relação com as ciências positivas do direito. São Paulo: Loyola, 2007.

HONNETH, A. *Luta por reconhecimento*: a gramática moral dos conflitos sociais. São Paulo: Editora 34, 2009.

HYPPOLITE, J. *Gênese e estrutura da Fenomenologia do espírito de Hegel*. São Paulo: Discurso, 2003.

JAESCHKE, W.; ARNDT, A. *Die Klassische Deutsche Philosophie nach Kant*. Systeme der reinen Vernunft und ihre Kritik, 1785-1845. Munique: C. H. Beck, 2012.

KANT, I. Resposta à pergunta: o que é Iluminismo? *In*: *A paz perpétua e outros opúsculos*. Trad. A. Mourão. Lisboa: Edições 70, 2004. pp. 11-20.

KENNY, A. *Uma nova história da filosofia ocidental*. Volume III, O Despertar da Filosofia Moderna. São Paulo: Loyola, 2009.

KERVÉGAN, J.-F. *Hegel e o hegelianismo*. São Paulo: Loyola, 2008.

KERVÉGAN, J.-F. "O que é efetivo pode efetivar" – "*Was wirklich ist, kann wirken*": observações sobre o estatuto lógico da efetividade em Hegel. *In*: HELFER, I. (org.). *Lógica e metafísica em Hegel*. São Leopoldo: Editora Unisinos, 2019. pp. 54-76.

KOJÈVE, A. *Introdução à leitura de Hegel*. Rio de Janeiro: Contraponto, 2007.

KRONER, R. *Von Kant bis Hegel*. Tübingen: J. C. B. Mohr, 1961.

LACAN, J. *O Seminário. Livro 7:* a ética da psicanálise. Rio de Janeiro: Jorge Zahar Editor, 1988.

LEBRUN, G. *A paciência do conceito*: ensaios sobre o discurso hegeliano. São Paulo: Editora Unesp, 2000.

LEMOS, F. (org.). *As outras constelações*: uma antologia de filósofas do romantismo alemão. Belo Horizonte: Relicário, 2022.

MARX, K. *Manuscritos econômico-filosóficos*. São Paulo: Boitempo, 2004.

MIRANDA, M. L. Ciência e método em Hegel: algumas considerações preliminares para pensar a substancialidade da *Ciência da Lógica*. *In*: BAVARESCO, A.; ORSINI, F.; TAUCHEN, J.; PERTILLE, J. P.; MIRANDA, M. L. (org.). *Leituras da lógica de Hegel*. Porto Alegre: Fênix, 2019. v. 3. pp. 74-84.

MIRANDA, M. L. Dualismos em questão: uma leitura feminista de Antígona como figura do espírito na Fenomenologia de Hegel. *Antítesis – Revista Iberoamericana de Estudios Hegelianos*, Madrid, v. 3, pp. 25-48, 2022.

MIRANDA, M. L. *O voo da coruja entre a luz e a sombra: acerca do saber absoluto e da possibilidade de uma nova figura do espírito*. Tese (Doutorado em Filosofia) – Universidade Federal do Rio Grande do Sul, Porto Alegre, 2018.

MÜLLER, M. O direito abstrato de Hegel: um estudo introdutório (1ª parte). *Analytica. Revista de Filosofia*, Rio de Janeiro, v. 9, n. 2, pp. 161-197, 2005.

MÜLLER, M. O direito abstrato de Hegel: um estudo introdutório (2ª parte). *Analytica. Revista de Filosofia*, Rio de Janeiro, v. 10, n. 1, pp. 11-41, 2006.

NASSAR, D.; GJESDAL, K. (orgs.). *Women philosophers in the long nineteenth century*: the German tradition. Oxford: Oxford University Press, 2021.

ONNASCH, E.-O. Von Kant zu Hegel. Oder: Was heißt klassische deutsche Philosophie? *In*: WIEGERLING, K.; LENSKI, W. (orgs.). *Wissenschaft und Natur*. Studien zur Aktualität der Philosophiegeschichte. Nordhausen: Traugott Bautz, 2011. pp. 109-123.

ONNASCH, E.-O. Kant als Anfang der Klassischen Deutsche Philosphie? *In*: HACKL, M.; DANZ, C. (orgs.). *Die Klassische Deutsche Philosophie und ihre Folgen*. Göttingen: V&R unipress GmbH, 2017, pp. 15-42.

ORSINI, F. The problem of circularity between the Phenomenology of spirit and the Science of logic. *Studia Hegeliana*, Málaga, v. 7, pp. 37-57, 2021.

ORSINI, F. *A teoria hegeliana do silogismo: tradução e comentário*. Porto Alegre: Fi, 2016.

PERTILLE, J. P. A "perda da eticidade" dentre as determinações da "sociedade civil" as três edições da Enciclopédia das ciências filosóficas de Hegel. *In*: TASSINARI, R.; BAVARESCO, A.; MAGALHÃES, M. M. (orgs.). *Enciclopédia das ciências filosóficas*: 200 anos. Porto Alegre: Fi, 2018. pp. 179-194.

PERTILLE, J. P. A *Fenomenologia do espírito* de Hegel em diálogo com o idealismo alemão: o saber absoluto como a última figura do espírito. *Revista de Humanidades de Valparaíso*, Valparaíso, n. 18, pp. 117-131, 2021.

PINKARD, T. *German philosophy: 1760-1860*. The legacy of idealism. Cambridge: Cambridge University Press, 2002.

PINKARD, T. *Hegel*: a biography. Cambridge: Cambridge University Press, 2000.

ROSENFIELD, K. *Antígona, intriga e enigma. Sófocles lido por Hölderlin*. São Paulo: Perspectiva, 2016.

SCHÄFER, M. E. *O conceito de trabalho na filosofia de Hegel e alguns aspectos de sua recepção em Marx*. 2012. Dissertação (Mestrado em Filosofia) – Pontifícia Universidade Católica do Rio Grande do Sul, Porto Alegre, 2012.

SÓFOCLES. *Antígona*. Trad. de Lawrence Flores Pereira. Rio de Janeiro: Topbooks, 2006.

SPEIGHT, A. *Hegel, literature, and the problem of agency*. Cambridge: Cambridge University Press, 2001.

STERN, R. Hegel's Idealism. *In*: BEISER, F. C. (org.). *The Cambridge companion to Hegel and nineteenth-century philosophy*. Cambridge: Cambridge University Press, 2008. pp. 135-173.

STONE, A. *Petrified intelligence*: nature in Hegel's philosophy. Albany: The State University of New York Press, 2004.

TECCHIO, J. *Aquém dos limites do sentido: um estudo acerca do papel da afecção na explicação kantiana da experiência*. 2005. Dissertação (Mestrado em Filosofia) – Universidade Federal do Rio Grande do Sul, Porto Alegre, 2005.

WAITHE, M. E. (org.). *A history of women philosophers*. Volume III, modern women philosophers, 1600-1900. Nova York: Springer, 1991.

WALLACE, W. *The logic of Hegel*: prolegomena to the study of Hegel's philosophy and especially of his Logic. Oxford: Clarendon, 1894.

WEBER, T. A eticidade hegeliana. *Veritas*, Porto Alegre, v. 40, n. 157, pp. 7-14, 1995.

ZEBINA, M. *Vida e finalismo na Ciência da Lógica*. Campinas: Phi, 2018.

ZINGANO, M. *Platão & Aristóteles*. O fascínio da filosofia. São Paulo: Odysseus, 2005.

Para ver outras obras da coleção
10 Lições
acesse

livrariavozes.com.br/colecoes/10-licoes

Conecte-se conosco:

f facebook.com/editoravozes

◉ @editoravozes

𝕏 @editora_vozes

▶ youtube.com/editoravozes

☏ +55 24 2233-9033

www.vozes.com.br

Conheça nossas lojas:

www.livrariavozes.com.br

Belo Horizonte – Brasília – Campinas – Cuiabá – Curitiba
Fortaleza – Juiz de Fora – Petrópolis – Recife – São Paulo

EDITORA VOZES LTDA.
Rua Frei Luís, 100 – Centro – Cep 25689-900 – Petrópolis, RJ
Tel.: (24) 2233-9000 – E-mail: vendas@vozes.com.br